MANN & FRAU IM SPANNUNGSFELD DER GEGENWART

Gerhard Detlefs

Mann & Frau im Spannungsfeld der Gegenwart

Ohne Familie geht es nicht

H

HOHENRAIN – VERLAG – TÜBINGEN

Satz: Hohenrain-Verlag GmbH, Tübingen
Druck: Kösel-Druck GmbH, Kempten/Allgäu
Umschlagmotiv: ›Jeune femme à l'enfant‹,
von Pierre-Yves Trémoix [9](1962)

Die Deutsche Bibliothek – CIP-Einheitsaufnahme

Detlefs, Gerhard

Mann & Frau im Spannungsfeld der Gegenwart: Ohne Familie geht es nicht / Gerhard Detlefs.– Tübingen ; Zürich ; Paris : Hohenrain-Verl., 1996
ISBN 3-89180-044-4

ISBN 3-89180-044-4

INHALTSVERZEICHNIS

Kapitel I

EMANZIPATION UND FEMINISMUS

Befrage die vorigen Geschlechter
und was ihre Väter erforscht haben;
denn wir sind von gestern und wissen nichts.
Buch Hiob 8, 8–9

Ideologie und Legende

Wenn eine überwiegende Mehrheit der Menschen unseres Kulturkreises in heutiger Zeit die gefestigte Meinung vertritt, daß die Gleichstellung der Frau mit dem Mann nicht allein vor dem Gesetz, sondern darüber hinaus auch in allen übrigen gesellschaftlich wichtigen Bezügen einer quasi naturnotwendigen Voraussetzung ›modernen‹ Lebens entspricht, so ist das eine Sache. Sie ist nach Überzeugung des Verfassers auch eine notwendige, dazu in einem zutiefst menschlichen, ja moralischen Sinn eine ›gute‹ Sache. Ein anderes freilich ist es, wenn eine nun schon seit Jahrzehnten auf allen Kanälen agierende Meinungsindustrie – wirtschaftlich meist gekoppelt an einflußreiche Verlagsunternehmen und politische Gruppierungen vorwiegend linksliberaler Observanz – um angestrebter öffentlicher Machtpositionen willen jene gute Sache bedenkenlos und bis zur Unkenntlichkeit korrumpiert.

Dies geschieht mit allen Mitteln einer neuartigen psychologischen Bürgerkriegführung, deren bis aufs Blut gegeneinander aufgehetzte Lager – das Abendland versteht sich selbst nicht mehr – die Menschheit in Frauen hier und Männer dort nach ideologischen Vorgaben spalten. Als eigentliche Opfer dieses zutiefst absurden Theaters haben wir, nicht zuletzt angesichts ihrer Wehrlosigkeit, Millionen unglücklicher Kinder und Jugendlicher allein in diesem unseren Lande zu beklagen. Die furchtbare Rache dieser verratenen Kindergeneration an ihren selbstvergessenen Eltern hat auch schon ihre allbekannten endemischen Formen gefunden: als früh antrainierten Zynismus, Gewaltkriminalität und Drogensucht, der Massenseuche und Geißel unserer Zeit.

Wir wollen es uns nun beileibe nicht so leicht machen, auf der Suche nach Schuldigen uns ausschließlich an den Feminismus zu halten, der ja seinerseits nur ein Symptom eines tiefergehenden sozialen Zersetzungsprozesses ist; darüber hinaus vielleicht noch an andere gewohnte Adressaten für alle Übel dieser Welt, wie Gesellschaft und Staat und so weiter. Jeder von uns sollte vielmehr seinen höchst eigenen Teil der Verantwortung an fundamentalen, unentschuldbaren Versäumnissen bedenken. Soll es allerdings vorerst nur um die Beantwortung einer enger umrissenen Frage, nämlich der nach den Urhebern und Nutznießern der vielfältigen mentalen Entgleisungen unserer Gesellschaft gehen – herbeigeredet durch langjährige, zielgerichtete, von wahrer Perfidie gekennzeichnete Desinformation –, so ist die Aussage schon eindeutiger: Diese Urheber und Nutznießer erkennen wir in den sozialistischen Drahtziehern des Ressentiments, und unter ihnen allerdings an prominenter Stelle unsere FeministInnen mit ihrem universalen Geltungsanspruch. Denn die unbestreitbar auf der Hand liegenden Teilerfolge ihres weltweit organisierten Feldzuges, der freilich in manchen Aspekten an einen Lemmingzug gemahnt, sind fraglos als Nebenprodukt jener neomarxistischen Doktrin zu erkennen, die in Deutschland aus historischen Gründen einen besonders fruchtbaren Nährboden gefunden hat.

Diesem Nebenprodukt ist dabei eindeutig eine Schlüsselrolle in der angestrebten, teilweise bereits vollzogenen Umformung unserer Gesellschaftsstrukturen, vor allem aber des ihnen zugrunde liegenden Menschenbildes, vorbehalten, und das nicht ohne Grund: Die Atomisierung unserer Gesellschaft muß notwendigerweise bei der Familie, als ihrer historischen Keimzelle, ihren Ausgangspunkt finden. Hauptansatz ist folgerichtig ihr Kernelement, die Frau und Mutter. Das ideologische Leitbild für diesen Umformungs- und Atomisierungsprozess, als Voraussetzung für die schließliche Machtergreifung der neuen Klassenherrschaft unter wiederum sozialistischem Vorzeichen, lieferte bereits seit der Nachkriegszeit die ›kritische Theorie‹ der sogenannten Frankfurter Schule, auf die wir darum im Zuge unserer Betrachtungen noch einzugehen haben werden.

Die Wurzeln des Feminismus, deutsche Ausführung, reichen also erheblich tiefer in das kulturelle Erdreich unseres gewachsenen gesellschaftlichen Bewußtseins, als es seine originäre Zwecksetzung, die gleichwertige Positionierung der Frau gegenüber dem Mann vor dem Recht und in der Gesellschaft, rechtfertigen würde. Was hier vielmehr auf dem Spiel steht, ist nichts Geringeres als die Gesamtheit unserer über zweitausendjährigen Zivilisationsgeschichte und ihre auf uns gekommenen geistigen Orientierungen und ethischen Werthaltungen, wovon die Geschlechterbeziehungen nur einen allerdings höchst bedeutenden Aspekt bilden.

Diese Beziehungen sind darum auch gleichzeitig der Hauptangriffspunkt der sozialistischen Ideologie, wie sie sich bei uns in auffälligster Form in den Verlautbarungen der 68er Studentenrevolte um Rudi Dutschke und seine Weggenossen gezeigt hat, in deren geistigem Troß noch heute Frau Alice Schwarzer und ihre in der Women's Lib-Postille *Emma* sich artikulierenden GesinnungsgenossInnen und -genossen ihr grobgewirktes Gewebe der Desinformation spinnen. In der Institution der Familie nämlich, und vor allem ihrem personalen Kern, der Frau, hat die inzwischen weltweit katastrophal gescheiterte Linke, wie erwähnt, scharfsichtig den Hebelpunkt erkannt, das lädierte Gebäude abendländischer Kultur und Gesittung doch noch zum Einsturz zu bringen, um durch diese Bresche, aller Geschichtserfahrungen und psychischen Voraussetzungen der Menschen hohnsprechend, sich den Weg zu universeller politischer Macht doch noch und endgültig zu bahnen.

Bereits in diesen einführenden Gedanken erkennen wir, wie vollständig das zentrale Thema dieses Frauenbuches in den breiten Strom unserer Kulturgeschichte eingebettet ist. Aus solcher Erkenntnis erwächst die Notwendigkeit, dieses uns alle angehende Menschheitsthema nicht eindimensional anzugehen, sondern aus sehr verschiedenen Blickwinkeln ins Auge zu fassen; gewissermaßen nach der Methode des Altertumsforschers Schicht um Schicht behutsam abzuheben, um den Kern nach und nach herauszuarbeiten. Beim Studium des Inhaltsverzeichnisses erkennt der Leser die Wege, auf denen dieser Versuch unternommen wird, und er ist, über manche Hürde hinweg, zu beharrlicher gedanklicher Mitarbeit aufgerufen!

Die erwähnte Einbettung unserer existentiell bedrohten Institution der Familie in das gesellschaftliche, politische und kulturelle Gesamtgeschehen wiederum macht die Klärung einiger Grundbegriffe, auf denen unsere Zivilisation sowohl in ihren psychischen als auch geistigen Bezügen aufbaut, zur Vorbedingung. In unserer Epoche, die von umfassender politischer Desinformation und, zu diesem Zweck, gezielter Begriffsdeformierung beherrscht ist, kann unglücklicherweise ein gemeinschaftliches Verständnis komplexer Gedankenführungen anhand einst gefestigter Begriffe, die seit langem einer ständigen inhaltlichen Korrosion ausgesetzt sind, nicht mehr ohne weiteres vorausgesetzt werden.

Überall ist heute aus interessierten Quellen zu vernehmen, daß die im europäischen Kulturkreis überlieferte Form der Familie, wie viele sie noch von Großmutters Zeiten zu kennen vermeinen, ein auslaufendes Modell sei. Als Kern aller für diese These vorgebrachten Gründe wird ihre unheilbar patriarchale Herkunft und Verfassung geltend gemacht, die nicht in die arbeitsteilige Massengesellschaft passe. Beispielsweise werden Gewerkschaften und Sozialisten nicht müde, den ihrer Ansicht nach unverändert ausbeuterischen und menschenfeindlichen Charakter des arbeitsteiligen Erwerbslebens im kapitalistischen System anzuprangern. (Die Praxis des verflossenen realsozialistischen Systems, wie es auch in den Grenzen unseres eigenen Landes ausprobiert wurde, haben sie dabei aus Gründen der Selbsterhaltung verdrängt.) Gleichzeitig aber empfehlen die erwähnten Interessenverbände dem Millionenheer unserer Mädchen und jungen Frauen dringlichst eben dieses nach ihrer Meinung gänzlich inhumane Erwerbssystem als Stätte der Befreiung und Selbstverwirklichung; dieses selbstverständlich in betontem Gegensatz zum überholten Leitbild der ›Hausfrau und Mutter‹.

Als hehrstes Ziel der modernen Frau, das alle übrigen Gesichtspunkte in den Hintergrund drängt, wird in gleichem Atemzuge eine vermeintliche wirtschaftliche Unabhängigkeit vom Manne bzw. Familienvater propagiert, die allerdings schon allein durch die Steuerprogression ad absurdum geführt wird. Gleichzeitig aber wird der Mann zum eigentlichen natürlichen Gegner der Frau stilisiert. Wo aber eine solche Art von ›Überzeugungsarbeit‹ trotz der auf der Hand liegenden Absurdität der meisten ihrer Argumente auf fruchtbaren Boden fällt, da findet die von der Ideologie zielbewußt an gesteuerte Atomisierung unserer Gesellschaft ihr inzwischen breit klaffendes Einfallstor. Zuerst egalitäre Nivellierung, dann die offene Anarchie, am Ende eine aktualisierte

Neuauflage von Befreiungsdiktatur, potentiell brutaler als alle bisher erprobten Modelle – so lauten die weiteren Etappen des Atomisierungsprozesses; jenes Generalplans, den eine unverwüstliche sozialistische Doktrin, Arm in Arm mit ihrem Wurmfortsatz, dem Feminismus, unbeeindruckbar durch alle Lehren der Geschichte auf ihre rote Fahne geschrieben hat.

Daß man durch einige aus korrumpierten Begriffen und sinnentleerten Worthülsen verrührte rattenfängerische Parolen, mit denen diese Ideologie ihre ganze Überzeugungsarbeit zu bestreiten pflegt, die ererbte Geistesverfassung einer Kulturnation vom Range der deutschen bis auf immer mehr dahinschwindende Widerstandsinseln buchstäblich umzupflügen vermocht hat, unterstreicht die Notwendigkeit, jenen begrifflichen Mißgeburten gründlich auf den Leib zu gehen. Wurden diese doch ausdrücklich zu dem Zweck in die Welt gesetzt, jeder vernunftgerechten Erfassung unserer Wirklichkeit, wie sie ist, den Garaus zu machen. Hierbei ist von der Frage auszugehen, welche Begriffe hinter den Wörtern und welche Wirklichkeiten hinter den Begriffen tatsächlich stecken. Hiervon wird im 6. Kapitel, dem über das Desinformationszeitalter, ausführlich die Rede sein. (Dem Leser wird anheimgestellt, dieses Kapitel eventuell vorab zu lesen.)

Die abstrakten Ausdrücke, die im Arsenal der postmodernen Propaganda eine Hauptrolle spielen, wie Freiheit, Gleichheit, Demokratie, Emanzipation, Kultur, Multikultur und so weiter, zeichnen sich vor allem dadurch aus, daß ihnen die verschiedensten Vorstellungen entsprechen können. Gerade das dürfte der wichtigste Grund dafür sein, weshalb sie auf allen Seiten so gern gebraucht werden: ein jeder kann in diese Begriffe hineinlegen, was ihm am besten gefällt. Einer der verworrensten dieser Begriffe aber dürfte ohne Frage die hier im Mittelpunkt stehende ›Emanzipation‹ sein. Das liegt gewiß zum Teil daran, daß er einer Sphäre zugehört, welche die meisten Menschen über lange Zeiten weniger unmittelbar berührt hat als die fast täglichen Auseinandersetzungen über die Sozialordnung oder die Wirtschaft. Die Vieldeutigkeit des Ausdrucks ›Emanzipation‹ liegt aber auch darin begründet, daß er auch im wissenschaftlichen Sprachgebrauch noch ständig im Fließen begriffen ist.

Noch um die letzte Jahrhundertwende vermittelte der Begriff der ›Emanzipation‹, d.h. ›Befreiung‹ etwa von rechtlichen Abhängigkeiten aller Art, von den heutigen alles andere als präzisen Vorstellungen durchaus abweichende Inhalte. In noch weiter zurückliegender geschichtlicher Zeit, zum Beispiel im altrömischen Recht, standen nicht nur Ehefrau und Töchter, sondern auch die Söhne in rechtsgeschäftlicher Abhängigkeit vom Vater, solange dieser lebte. Eine beurkundete ›emancipatio‹ war erforderlich, um gegebenenfalls den Sohn schon vor dem Tode des Vaters von dessen Rechtsvormundschaft freizustellen. Nach dem deutschen Recht des Mittelalters trat die Befreiung von der sogenannten Munt, der familienrechtlichen Gewalt des Vaters, für die Söhne mit ihrer wirtschaftlichen Selbständigkeit ein; für die Töchter mit der Verheiratung, welcher Schritt freilich nahtlos in die Munt des Ehemannes führte. Seit dem Bürgerlichen Gesetzbuch von 1896, das umfassend vom Code Napoléon inspiriert wurde, trat dann auch in Deutschland die Entlassung aus der väterlichen Rechtsgewalt mit der Volljährigkeit, damals 21 Jahre, ein. Diese automatisch vollzogene Regelung galt nun für beide Geschlechter, Söhne wie Töchter.

Daneben stand der Begriff der Emanzipation bis in die Generation unserer Großeltern hinein für Bewegungen der politischen Befreiung, wie sie seit der europäischen Aufklärung über das Konzept des Naturrechts, den Gesellschaftsvertrag nach Jean-Jacques Rousseau, die amerikanische Verfassung von 1776 bis hin zur Französischen Revolution, den Übergang vom feudalistischen Zeitalter zur modernen Industriegesellschaft vorbereitet haben. Eine herausragende begriffliche Rolle spielte damals außerdem die Judenemanzipation, die im Preußenstaat Friedrichs II., unter persönlicher Anregung durch den Berliner Aufklärungsphilosophen Moses Mendelssohn, ihren ersten breiteren Durchbruch in Europa erreichen konnte. Schließlich stand der Begriff der Emanzipation seit dem *Kommunistischen Manifest* von 1848, mit seinen gemeinschaftlichen Urhebern Karl Marx und Friedrich Engels, für die eigentliche Frauenbewegung, die als unmittelbare Folge der sozialen Verwerfungen des frühen Industriezeitalters und der städtischen Vermassung ins Leben getreten war.

Wo immer im weiteren geschichtlichen Verlauf der Kommunismus die Macht ergreifen konnte, die stets auf Terror in jeglicher Gestalt beruhte, besorgte dann den Rest die vollständige Vereinnahmung der Frau als unverzichtbaren Produktivfaktors im Rahmen des ›real existierenden Sozialismus‹, wie er sich in neuerer Zeit selbst nannte, also volkswirtschaftlicher Strukturen, die schon von ihrem theoretischen Ansatz her zur Ineffizienz und damit zum dermaleinstigen Scheitern verurteilt waren. Eine der bittersten Erfahrungen des deutschen Volkes sollte darin bestehen, daß dieses Scheitern ein halbes Jahrhundert in Anspruch nehmen, das karge Glück ganzer Generationen kosten sollte; in der gleichen Situation befand sich in diesem Jahrhundert die halbe Bevölkerung Europas.

Wenn man berücksichtigt, welche Wandlungs- und Absorptionsfähigkeit mithin allein dieses Wort ›Emanzipation‹ in historischer Zeit – aus heutiger Sicht etwa bis zur Mitte unseres Jahrhunderts – bewiesen hat, so kann seine Vereinnahmung durch vielfältige weiterführende Inanspruchnahme in unserer Gegenwart, bis hin zur offenen Korrumpierung, nicht einmal wundernehmen. Dies gilt ebenso für die Tatsache, daß unter zehn Menschen, die sich stark für die Sache der Emanzipation unserer Frauen einsetzen, selten zwei zu finden sind, die damit dasselbe meinen. Auch in dem engeren sozialen Bereich, der hier angesprochen ist, offenbart sich durch alle Theorien hindurch der Zwiespalt der Auffassungen bis hin zum blanken tagespolitischen Opportunismus. Was heute weitgehend verdrängt ist, das ist gerade der überaus hohe ethische Anspruch, in den der Emanzipationsbegriff innerhalb der philosophischen Diskussion seit den Zeiten der Aufklärung auch den zur ›Befreiung‹ Bestimmten oder Gelangten einbezog – fern von jeglicher egozentrischen oder egoistischen Motivierung eines Freiheitsanspruchs, der nur nach der Freiheit wovon fragt, nicht aber nach der Freiheit wofür.

Die Geschichte spricht

Aus den vorangegangenen, vorwiegend zur Einstimmung gedachten Betrachtungen geht, wie schon angedeutet, die Vielfalt der Gesichtspunkte hervor, die wir in ihrem weiteren Verlauf zu beleuchten haben werden. Der Leser möge dabei das Zitat aus dem Alten Testament über dem Eingang dieses Kapitels nicht als programmatische Absicht mißdeuten. Im Hinblick auf seine zeitlose Gültigkeit ist es indessen geeignet, direkt auf das zentrale Thema des heutigen Menschen hinzuführen, das Gegenstand dieses Buches ist. Dieses hätte, streng genommen, bereits zehn Jahre früher geschrieben werden können. Daß es dann endlich geschah, hängt damit zusammen, daß sein Thema unter der weiteren Zuspitzung neuerer Entwicklungen einen wahrhaft brisanten Aktualitätsbezug gewonnen hat. Der Stoff ließ das Buch dann gewissermaßen wie von selbst entstehen – ohne überquellenden Zettelkasten, viele Fußnoten und Literaturhinweise;

somit auch – und dies sei hier betont – ohne Bedarf an weltanschaulichen Festlegungen. In seinem Mittelpunkt steht, unter den einleitenden Gedanken zur Emanzipation, nichts Geringeres als die Beziehung aller Beziehungen im Sein und Zusammenleben der Menschen: die zwischen Mann und Frau und, in weiterer Folge, die Beziehung beider zum Kind; gleichzeitig aber deren längst nicht mehr zu leugnende akute Störung in der modernen Industriegesellschaft.

Es geht um Sinn und Funktion jenes menschlich-zivilisatorischen Zweckverbands, genannt Familie, in Vergangenheit, Gegenwart und Zukunft und einige damit im Zusammenhang stehende, in der Gegenwartsdiskussion weitgehend verdrängte Fragen und herbe Wahrheiten, von denen einige bereits angedeutet wurden. Diese Wahrheiten im Zeitalter der deutschen Quotenfrau sine ira et studio, aber auch ohne Schonung von Empfindlichkeiten herauszuschälen – zum Nutzen aller Beteiligten, wie der Verfasser hofft – erweist sich allerdings als ziemlich hochgespannte, dabei keineswegs dankbare Aufgabe. Das Buch entstand denn auch in bewußtem Verzicht auf Beifall seitens mancher unserer Meinungsbildungs- und Weltverbesserungseinrichtungen; auch unseren FeministInnen kann es kaum zur Freude gereichen. Vielmehr rechnet es in Gelassenheit mit vielfältiger Abkanzelung durch allerlei selbsternannte Interessenten der Tagespolitik; wäre dies doch eher ein Beweis für die Berechtigung seines Entstehens.

Um nun vom bloß andeutenden zum darstellenden Teil unserer Betrachtungen zu finden, wird es vonnöten sein, einige aktuelle gesellschaftliche Entwicklungen im Anschluß an die bisherige europäische Kulturgeschichte in ihren postmodernen Ausformungen nachzuzeichnen, um die sich immer rascher verflüchtigenden Positionen sowohl der Familie wie auch des Einzelmenschen in der Masse einzugrenzen. Hierbei werden wir die vielbeklagten kulturellen Verfallserscheinungen, die in den letztvergangenen Jahren allerdings ein immer kritischeres Tempo angenommen haben, unter aktueller Sicht neu zu untersuchen haben. Bei dieser Beschäftigung wird ein Blick auch auf die christlich-abendländische Tradition, wie sie im Alten und Neuen Testament kodifiziert erscheint, unentbehrlich sein. Hat sich doch diese Tradition auf den europäischen Menschen gerade in seiner faustisch-modernen Ausprägung, und insoweit in deutlicher Differenzierung zu anderen Kulturkreisen, sehr stark ausgewirkt. Insbesondere hinsichtlich der Stellung der Frau in der Gesellschaft werden wir feststellen, wie die jüdisch-christliche Religiosität bei ihrem Eindringen in das Europa jenseits der mittelmeerischen Sphäre, also seine germanisch-keltisch geprägten mittleren und nördlichen Regionen, überaus folgenreiche Veränderungen meist einschränkender Art bewirkt hat. Ungeachtet aber unserer jeweiligen persönlichen Stellung gegenüber dem Christentum oder auch den Kirchen, ruhen wir auf ihrer Tradition.

Zu Recht bemerkte Hoimar von Ditfurth, der kürzlich verstorbene populärwissenschaftliche Autor und eine anerkannte Kapazität als Anthropologe und Psychologe, in einem seiner späten Werke: »Die Aussagen der in der Bibel zusammengefaßten jüdisch-christlichen Überlieferung enthalten nicht zuletzt ein Wissen über den Menschen, das weit über das hinausreicht, was wissenschaftliche Psychologie und Soziologie zu dem Thema jemals wird beitragen können.« (Hoimar von Ditfurth, *So laßt uns denn ein Apfelbäumchen pflanzen,* Rasch & Röhring, Hamburg 1985) Man erwäge diese Feststellung in ihrem ganzen Gehalt; insbesondere im Hinblick auf die üblich gewordene Wissenschaftsgläubigkeit, die entscheidend zu jenem bedrohlichen kulturellen Orientierungsverlust der europäischen Massengesellschaften beigetragen hat, bei welchem Mitteleuropa, und hier speziell

Deutschland mit seinen besonderen historischen Voraussetzungen, heute eine unrühmliche Spitzenposition einnimmt.

Im Umfeld dieser umfassenden Problematik, die wir oben in einigen Punkten nur erst gestreift haben, entstehen neue Fragen, die Mann, Frau und Kind zu Recht an das individuelle wie gesellschaftliche Leben richten. Dieses Buch hat sich zur Aufgabe gestellt, hier Orientierung vor Ort zu vermitteln, ohne etwa in Vermessenheit allgemeingültige Rezepte anbieten zu wollen. Vielmehr sollen in der eingetretenen modernen Finsternis des ›Zeitgeistes‹ Wegmarken errichtet werden, um dem Suchenden begehbare Pfade für den je eigenen Weg erschließen zu helfen.

Wiederholt ist in den vorangegangenen Ausführungen der Begriff ›modern‹ verwendet worden, und er wird unvermeidlich auch im weiteren Verlauf erscheinen. Es sei daher an dieser Stelle der Versuch einer Definition eingelassen. Über Begriffe und das damit verbundene ›Begreifen‹ wird im 6. Kapitel, demjenigen über das Desinformationszeitalter, eingehend zu sprechen sein. Ist doch die Verwirrung von Begriffen, deren gefestigten Inhalt noch vor einer Generation niemand anzweifeln konnte, geradezu ein Kennzeichen unserer Gegenwart geworden. Diese Denaturierung der Begriffe, einhergehend mit einem allgemeinen Wandel dessen, was einmal Hochsprache war, zum Jargon, wird mit besonderem Eifer, wie heute allgemein erkannt, von den Medien inszeniert; jedenfalls in ihrer erdrückenden Mehrheit, wenn man die Einschalt-, Hörer- und Leserquotenanteile richtigerweise zum Maßstab nimmt. Diese Praxis der Medien wird vielfach als bloß übernommene Routine, in einigen besonders einflußreichen Fällen aber als bewußt gelenkte, planvolle Desinformationsmethode gehandhabt. Begriffsverwirrung ist somit eine der wichtigsten geistigen Voraussetzungen für das Entstehen der in unseren Betrachtungen zu analysierenden strukturellen Entgleisungen unseres gesellschaftlichen Systems. In ihrem Schatten sind die Gesellschaft betreffende Vorstellungen und Vorgänge möglich geworden, die in Zeiten geistig gesunder Gesellschaften – mit allen möglichen Mängeln, die menschlichen Einrichtungen immer anhaften werden – undenkbar gewesen wären.

Der Münsteraner Philosoph Günter Rohrmoser hat die Sache früh auf den Punkt gebracht. Er schrieb in *Die Herausforderung der Radikalen* (Deutscher Institutsverlag, Köln 1973), als die 68er Studentengeneration, auf Universitätsakten fäkalierend, ihren ›Marsch durch die Institutionen‹ begonnen hatte: »Kennzeichnend für diese Entwicklung ist, daß sie in ihrer Grundströmung fast undramatisch verläuft. Die Exzesse der Revoluzzer lenken von den viel tiefer angelegten Tendenzen der gesellschaftlichen Veränderungen eher ab. . . Der wirkliche Prozeß hat ganz andere Dimensionen: es geht um die Paralyse der Verfassung im Rahmen der Verfassung, um die Entleerung der Demokratie durch den extremen Mißbrauch ihrer eigenen Mittel. . . Als Verteilungsgarant eines Dschungels von Interessen sind beide, Gesellschaft und Staat, austauschbar geworden. In dieses Vakuum stößt abermals die ideologisierte Utopie einer Heilslehre, deren grotesker Hochmut sich nicht darum schert, daß sie überall dort längst gescheitert ist, wo sie sich, wie in sozialistischen Staaten, in ungestörter Praxis ›bewähren‹ konnte.« Originäres Nebenprodukt dieser Heilslehre aber ist, wie schon angedeutet und im einzelnen zu zeigen, der Feminismus in seiner verbohrten, hierin so spezifisch deutschen Ausprägung, wie er seit den siebziger Jahren mit je zunehmender Penetranz in Erscheinung getreten ist.

Hinsichtlich des Begriffs ›modern‹ im Zusammenhang unserer Betrachtungen sei nun ein besonderes Merkmal hervorgehoben, das unser sich so fortschrittlich wähnendes Jahrhundert vor früheren Epochen besonders auszeichnet, es im eigentlichen Sinne ›modern‹ erscheinen läßt: das in seiner Intensität durchaus neuzeitliche Auseinanderklaffen von Möglichkeit und Wirklichkeit in der Sphäre des Geistigen, und damit auch des Sittlichen. Zum einen faszinieren uns die inzwischen fast unvorstellbar weit hinausgeschobenen Grenzen menschlicher Intuition, Forschungs- und Denkkapazität, auch das Erwachen einer ›neuen Religiosität‹ im Zuge solcher Geisteserfahrungen – zugänglich sind sie einer immer winzigeren Minderheit, der darum zu Recht die Bewertung als ›elitär‹ zukommt. Zum anderen beeindruckt den Beobachter das Desinteresse, die fast vollständige Abkopplung des heutigen sozialen Massenmenschen – noch stärker voraussichtlich des künftigen – von den geistigen Horizonten und Erfahrungswelten seiner Zeit; damit aber ihren sittlichen Folgerungen für die Daseinsgestaltung des Einzelnen wie der Gesellschaft im Ganzen.

Der Durchschnittskonsument von heute drückt beispielsweise den Knopf seines Farbfernsehers und wird Zeuge eines Fußballspiels, das sich zeitgleich auf der Gegenseite des Erdballs abspielt. Vielleicht vernimmt er noch den dürftigen Kommentar eines Rechtsaußen oder des Trainers persönlich. Er hat dabei keine Ahnung von dem komplizierten Zusammenspiel physikalischer Kräfte, dem ungeheuren Betrag an Ingenieurleistung und angewandter Physik, der in Jahrzehnten weltweiter Forschung und Entwicklung Stein auf Stein zu errichten war, um diesen Knopfdruck eines Allerweltsmenschen zu ermöglichen. Was schwerer wiegt – dieser will es auch gar nicht wissen, denn der Erwerb solchen Wissens – bereits an vielen unserer Schulen auf verkümmerte Reste herabgesetzt – fordert zielgerichtete Mühe und Beharrlichkeit oder schlicht Fleiß.

Diese Eigenschaften jedoch wurden bereits der heutigen Elterngeneration – weil nicht systemkonform – vielfach nicht mehr anerzogen. Präzises, nachprüfbares Wissen und Können sind im Zuge einer genußbetonten, vor allem auf Bequemlichkeit gerichteten Lebensauffassung – man zieht auch oft in überhöhender Absicht den ›Wertewandel‹ besonders bei der jungen Generation heran – bis hin zum akademischen Nachwuchs verpönt. Wie nachzuweisen sein wird, liegt die Schuld daran aber keineswegs bei den betroffenen Jugendlichen selbst, sondern bei anderen, häufig genug vom Wähler selbst ›beauftragten‹ Instanzen.

In besonderem Maße betreffen die beschriebenen geistigen Mängel den weiten Bereich ethischer Folgerungen, wie sie sich als Maximen für das tägliche Denken und Handeln des Einzelnen in der Gemeinschaft niederschlagen sollten und wie es über so viele Jahrhunderte hinweg eine Selbstverständlichkeit gewesen ist. Der Sinngehalt gesellschaftlicher Verpflichtungen nach der Devise ›Gemeinnutz geht vor Eigennutz‹ oder kultureller Eigenleistung nach individuellem Vermögen, in welcher Form und Stärke auch immer, wird nicht mehr vermittelt und erscheint darum nicht der Mühe wert. Dies und nichts anderes ist der eigentliche, tiefere Inhalt und Kern dessen, was hier als ›Moderne‹ angesprochen ist, entkleidet aller unwesentlichen Randerscheinungen und Zutaten, und in diesem Sinne sei der Begriff des ›Modernen‹ im Gebrauch dieses Buches verstanden.

›Gar leichtiglich verlieren sich die Künst', und schwer und über lange Zeiten werden sie wiedergewonnen‹ – so sagte vor bald fünfhundert Jahren ein berufener Zeuge, dessen Aussage noch heute Autorität zukommt: Albrecht Dürer. Die Anwendung auf unsere Gegenwart, nebst unheilvollen Konsequenzen bereits für die vor uns liegende nahe Zukunft, drängt sich geradezu gebieterisch auf. Die Moderne, als das Zeitalter der sozialen Pervertierungen aufgefaßt, steht so in einem bezeichnenden Gegensatz zu allen überschaubaren früheren Epochen, die in den wesentlichen Fragen des Lebens eine aus Urerfahrung gewachsene und darum weitgehend einheitliche Auffassung vertraten, und zwar im Bereich des gesamten europäischen Kulturkreises ohne Ansehen der Nation oder religiösen Zugehörigkeit. Wir tun uns heute allzu leicht mit der Abwertung überkommener Denkweisen als überholt oder antiquiert; dabei waren die damaligen Menschen uns heutigen hinsichtlich der Ganzheit ihres Weltbildes, ihres Eingebettetseins in den physikalischen, humanen und religiösen Kosmos, der sowohl ihrem Anschauungsvermögen als auch ihren emotionalen Bedürfnissen voll entsprach, turmhoch überlegen.

Dieser geistige Zusammenhang fiel zunächst dem positivistischen Weltverständnis des 19. Jahrhunderts, wie es sich im Zuge der rasanten Entfaltung der exakten Wissenschaften entwickelte, zum Opfer. Seine endgültige Zersetzung jedoch wurde erst in unserem Jahrhundert unter den unheilvollen Einwirkungen der Ideologien vollzogen. Das Gemeinsame dieser Ideologien, deren Anhänger sich oft in mörderischen Richtungskämpfen gegenseitig zerfleischten, war ihre sozialistische Herkunft. Ihren Spielarten zugrunde liegt die gleiche Grundanschauung vom Menschen: seine systematische Nivellierung und Vermassung, seine totale Vereinnahmung und Kontrolle durch das System sowie die vollständige geistige Entmündigung und Gleichrichtung der von ihnen unterjochten Gesellschaften. Wege zur Wiedergewinnung jener geistigen Kohärenz aber, im Sinne des Zitats von Albrecht Dürer, sollen in diesem Buch gesucht und entwickelt werden. Unabdingbare Voraussetzung in der Methodik ist dabei eine gründliche Analyse der Gegenwartszustände, ihrer Ursachen und Zusammenhänge unter bislang nicht geradezu gängigen Gesichtspunkten und Tatsachenverknüpfungen. Schmerzvolle Erkenntnisse und entsagungsbetonte praktische Folgerungen werden das unvermeidliche Ergebnis sein.

Unsere Nachkommen sind um ihre Zukunft auf diesem Planeten unter verschiedenen Gesichtspunkten, insbesondere aber dem unserer entarteten geistigen und gesellschaftlichen Zustände, nicht zu beneiden. Tue jeder Einsichtige an seinem Platz das Mögliche, um sie nicht nur erträglich gestalten zu helfen, sondern neue, kreative, positive Impulse auszulösen; vor allem aber, um dieser Zukunft die unserer Gegenwart verlorengegangene Würde, als Ausdruck jeder Kultur und Gesittung, wiederzugewinnen. Hierzu gehört die einfache, von ideologisch verbrämt einherkommenden Einflüsterungen bis hin zur lärmenden Medienpropaganda abzuschirmende Einsicht, daß Männer, Frauen und ihre Kinder Aufgaben und Probleme, die das Leben ihnen auferlegt, niemals gegeneinander, sondern nur im Miteinander zu lösen vermögen. Dieses Miteinander ist in höchster Gefahr, denn es ist nur im Familienverband zu verwirklichen, der in weitesten Zeiträumen seine Wandelbarkeit und Anpassungsfähigkeit unter Beweis gestellt, jetzt aber tödliche Angriffe abzuwehren hat. Hier liegt unser aller historische Verantwortung für uns selbst und künftige Generationen.

Ein Mikrokosmos in Agonie

Im Jahre 1977 wurde in der sozialistisch-gesellschaftlichen Aufholjagd Deutschland-West gegen Deutschland-Ost ein wichtiges Etappenziel erreicht: die Einführung eines ›modernen‹ Eherechts. Gegenüber dem vorigen, bereits mit vielen Erneuerungen versehenen, sollte es neue Gerechtigkeiten schaffen. Es schuf, wie alle überreizten Prinzipien, noch mehr neue Ungerechtigkeiten und neuartiges Leid. Ein wirklicher Qualitätssprung aber lag darin, daß erstmalig in der europäischen Kultur- und Rechtsgeschichte die Familie, als Lebensgemeinschaft von Mann, Frau und Kind, einer rein materiellen Konzeption unterworfen wurde, der einer Handelsgesellschaft, bereichert um einige überaus fragwürdige Privilegien für den mutmaßlich minderprivilegierten, also in der Regel den wirtschaftlich schwächeren Teil im heute als Norm voraussehbaren Fall ihrer Auflösung.

Das gleichzeitig im bürgerlichen Recht kodifizierte Gut der Selbstverwirklichung erhielt in dieser neuen Konzeption der Familien-GmbH. höchsten Vorrang . Die in einer Vielzahl der schnell zunehmenden Scheidungsfälle noch immer unvermeidliche Erblast in Gestalt hinterbliebener Kinder wurde als häßliche Systemlücke billigend in Kauf genommen. Einer als neuartig erkannten Sachlage – oder der normativen Kraft des Faktischen, wie Juristen gern sagen – schien es zu entsprechen, daß altväterliche Begriffe wie Treu und Glauben, Anstand oder gar Liebe endgültig aus dem Rechtskanon entfernt waren. Das Prinzip des uneingeschränkten Egoismus sah sich zur Geschäftsgrundlage aller familiären Rechtsbeziehungen erhoben.

In jener Zeit schrieb eine einschlägig bewanderte Autorin und Fachfrau in Familienfragen in der Wochenzeitschrift *Die Zeit* (September 1978) folgendes: »Für die junge Braut von heute ist es wichtiger, die neuen Scheidungsparagraphen zu beherrschen als Großmutters Kochrezepte.« Der Verfasser bekennt, daß ihn bei dieser Vorstellung noch heute ein ganz konventioneller Schauder anwandelt. Dieser gewinnt existentielle Qualität angesichts der Erkenntnis, daß die genannte Autorin keineswegs zu tadeln war, denn ihr Kommentar entsprach völlig der Sachlage. Shakespeares elterngeschädigter Hamlet kommt in den Sinn, wie ihm schwante, etwas sei faul im Staate Dänemark. In der Tat – eine Gesellschaft, die in selbstverstandener ›Moderne‹ entschlossen aus einer in wechselvollen Jahrtausenden mühsam errichteten Struktur menschlicher Bindungsgeflechte mit ihren sowohl emotionalen wie auch rationalen Bedingtheiten heraustritt, tritt gleichsam aus der Geschichte; sie begibt sich damit in den Raum jener außergeschichtlichen Welt, wie Oswald Spengler sie definiert hat. Diese außergeschichtliche Welt aber, die uns nach einem sich immer mehr ausbreitenden allgemeinen Gefühl erfaßt hat, ist so, wie schon Hamlet sie einen Augenblick vor dem verstörten Auge seiner Seele sah: aus den Fugen.

Bedarf der Hörer, Leser oder Zuschauer unserer täglichen Weltnachrichten noch einer Beweisführung für das oben Gesagte? Natürlich nicht; doch die Frage nach Sinn und Ziel des gegenwärtig sich abspielenden, tödlich ernsten Theaters darf, ja muß gestellt werden. Zu diesem Zweck werden wir uns im 6. Kapitel ausführlich mit der heimtückischsten Waffe kultureller und gesellschaftlicher Destruktion befassen: der Desinformation; ein Kapitel, das der Aufmerksamkeit des Lesers darum besonders anempfohlen sei. Zuvor aber wollen wir uns den engeren Bereichen unseres Themas zuwenden.

Kapitel 2

CONDITIO HUMANA – DIE STELLUNG DES MENSCHEN

Verhalten wir uns in unserem Leben
wie Bogenschützen, die ein Ziel haben.
Aristoteles, Nikomachische Ethik, 1. Buch

Ursprung und Gegenwart menschlicher Bindungen

Wenn wir die Stellung des europäischen Menschen innerhalb der Sphären des Geistes und der Gesellschaft in ihrem jeweiligen Zeitalter näher betrachten, so stellen wir fest, daß er, ob männlichen oder weiblichen Geschlechts, nicht ohne Einfluß langwirkender religiöser Motivationen gewisse eigentümliche Tendenzen zur Idealisierung der jeweils komplementären Geschlechterrollen entwickelt hat, das heißt beim Mann in bezug auf die Frau und umgekehrt. Diese Idealisierungstendenzen waren selbstredend, wie alle anderen Kulturimpulse auch, an den jeweiligen Geist der Epoche gebunden und daher im Laufe der Jahrhunderte überaus wandelbar. Da nun der Mensch, neben seiner Fähigkeit zur Abstraktion, schon immer auch eine besondere Neigung zu bildhaften Vorstellungen gehegt hat – der ›moderne‹ Mensch womöglich noch mehr als seine Vorfahren –, war der Weg zu dem, was wir heute im Zeitungsdeutsch als ›Klischee‹ bezeichnen würden, bereits von langer Hand vorbereitet. Dies gilt nicht zuletzt auch für die sogenannten Rollenklischees der Geschlechter.

Im Alltagsleben, insbesondere in unserer Gegenwart, spielen diese Klischees – in kennzeichnendem Gegensatz zur eher abstrahierenden Tendenz der von der Vernunft geprägten Begriffe – eine womöglich noch größere Rolle. Dies gilt ganz vorwiegend im weiten Feld der vorerwähnten geschlechtsspezifischen Verhaltensmuster und Rollenbilder, wie sie sich im Wandel der Epochen gebildet haben. Es erscheint daher von besonderem Interesse, der Frage nachzugehen, welche Faktoren für diese Herausbildung teilweise überaus langlebiger Rollenbilder im Leben der menschlichen Gesellschaft maßgebend gewesen sind.

Wenn wir den Horizont der uns noch etwas näher liegenden Vergangenheit mustern – sagen wir seit der Zeit der Aufklärung –, so stellen wir alsbald eine hauptverantwortliche Instanz fest, die auch andere Bereiche neuerer kultureller Entwicklung entscheidend geprägt hat: nämlich die seit etwa zweihundert Jahren sprunghaft angestiegene Produktion an Druckerzeugnissen aller Art. Erst in unserem Jahrhundert war es den sich über den Erdball ausbreitenden elektronischen Medien, Rundfunk und Fernsehen, vorbehalten, die traditionellen Druckmedien hinsichtlich ihrer Fähigkeit zur Prägung von Klischees auf einen allerdings immer noch ansehnlichen zweiten Platz zu verweisen.

Nehmen wir hier als prägendes Beispiel den Roman als Kunstform, die seit dem 15. Jahrhundert eine eigenständige Gattung bildete und spätestens seit dem 18. Jahrhundert weiteste Leserkreise in Europa nachhaltig beeinflußt hat. Der Roman hat mit der Zeit eine künstliche Welt von Idealbildern geschaffen, deren Rückwirkung auf die Geistesverfassung der Leserschaft unzweifelhaft nachweisbar ist. Man denke nur an das klassische Beispiel von Goethes unglücklichem Werther, einer Romanfigur, vom Dichter selbst aus souveräner schöpferischer Distanz als formbares psychopathologisches Material bearbeitet. Während sich ihr Erfinder nach Vollendung des Romans sofort neuen, völlig anders gearteten Stoffen zuwandte, sollte es den *Leiden des jungen Werthers* mit ihren flächenbrandartigen literarischen Verbreitungen beschieden sein, unter der empfindsam-nachrevolutionären Jugend des Biedermeiers eine regelrechte Selbstmordwelle im Nachvollzug sterblichen Liebeskummers auszulösen.

Das Frauenideal der Leser und ebenso das Männerideal der Leserinnen haben unter dem Einfluß des Romans seit jenen gut zwei Jahrhunderten Wandlungen erfahren, die sich unmittelbar auf die Formen der Liebeswerbung, die Natur der Liebesempfindungen und die Auffassung der Liebe überhaupt auswirkten. Die ganze romantische oder sentimentale Auffassung von Liebe und Ehe, wie sie noch dem 17. Jahrhundert, etwa der Zeit Johann Sebastian Bachs, durchaus fremd gewesen wäre, hat ebendiesen Ursprung. Gewiß kannte bereits das Hochmittelalter, die Zeit der Troubadoure und Minnesänger, das Ideal der ritterlichen Hingabe an den Minnedienst. Mutter- und Kindesliebe, väterliche Fürsorge, Trauer um persönlichen Verlust haben das Gefühlsleben der Menschen zu allen Zeiten bestimmt. Aber all das war eingebettet in das Bewußtsein der Eitelkeit alles Irdischen, der Vergänglichkeit und Kürze des Daseins – damals im Durchschnitt 35 Lebensjahre. Tiefe Lebensbejahung und knorrige Stärke verlieh demjenigen, der das Säuglingsalter überstand und zum erwachsenen Menschen reifen durfte, die Einbindung in die Gemeinschaft des Glaubens, die Anheimgabe des eigenen Geschickes an Gottes Vorsehung, an den Vater der Liebe, versinnbildlicht in der christlichen Religion. Zahlreiche Balladen zeugen davon, wie in dichterischer Überhöhung der Ritter (Chevalier, Cavaliere) es als Gnade empfand, von der angebeteten Einzigen erhört zu werden, so wie die edle Jungfrau die Erhöhung ihrer selbst darin erlebte, den herrlichsten Ritter zum Gebieter und Beschützer küren zu dürfen. Gleichwohl: Man ermaß auf das deutlichste den Unterschied zwischen Dichtung und Leben, denn dieses war kurz, hart und voll eherner Regeln, deren Übertretung Unheil und Tod auf den Plan rufen konnte.

Ein halbes Jahrtausend später, im Jahre 1856 – es war die Dämmerungsstunde der abendländischen Kultur, aber die sinkende Sonne sandte noch immer kraftvolle Strahlen –, konnte ein Richard Wagner während der Arbeit an *Tristan und Isolde,* diesem äußersten Grenzstein sublimierter Menschenliebe, noch notieren: »Da ich nun aber im Leben nie das eigentliche Glück der Liebe erfahren habe, so will ich diesem schönsten aller Träume noch ein Denkmal setzen, wo vom Anfang bis zum Ende diese Liebe sich ein einziges Mal bis zum Grund ausschöpfen soll.« (In Isoldes Liebestod, mit dem dieses größte Monumentalwerk der Liebe endigt, offenbart sich allerdings eine andere Dimension menschlicher Leidenschaft als jene, die wir unter dem Begriff einer sogenannten Emanzipation in diesem Buch zu untersuchen haben!)

Die Annahme liegt nahe, daß die Gegenwartsliteratur, einschließlich der Magazine und Illustrierten, ähnlich prägende Einflüsse auf die heutige Lesergeneration ausübt, allerdings in kennzeichnender Weise verstärkt durch Forderungshaltungen und romantisierende Klischees, wie sie in der Regel von Film, Fernsehen und Presse, oft genug in Extrapolation sozialistischer Gesellschaftsparole, geliefert werden. Zunächst ließ die hohe Zeit des Gesellschaftsromans des 19. und des frühen 20. Jahrhunderts in der europäischen Gesellschaft die Vorstellung entstehen, daß das Leben im allgemeinen, das Leben zu zweit aber, die Ehe, im besonderen, einem angeborenen Anspruch auf Glück (was immer man diesem Begriff zuordnen mag) zu genügen habe. In der zweiten Hälfte unseres Jahrhunderts, nach nur scheinbar ausgestandenen Weltkatastrophen, gesellte sich diesem Anspruch die konkrete Betonung individualisierter Rechte hinzu – siehe das novellierte Eherecht von 1977 in Deutschland –, wogegen früher in erster Linie Pflichten gegen den Nächsten, die Familie, das Vaterland und auch sich selbst, im Vordergrund gestanden hatten. Schließlich mußte dieser progressive Individualanspruch noch einem ganz neuen, dem der bedingungslosen kurzfristigen Wunscherfüllung, der Freisetzung aller egoistischen Triebe, Platz machen: eine Lebenshaltung, untergeordnet unter dem modernen Begriff der Persönlichkeitsentfaltung oder auch Selbstverwirklichung. Partner eines so definierten Glücksstrebens sind vom Grundsatz her austauschbar, und sie werden ausgetauscht. Kinder, die trotz chemischer Vorsichtsmaßnahmen das Licht einer ethisch derart verfaßten Welt erblicken, stellen sich vorwiegend als Entsorgungsproblem dar. Folge sind die Schlüsselkinder als Produkt des dazu passenden Gesamtschulkonzepts, die Inanspruchnahme der Oma oder – falls nicht verfügbar– der Allgemeinheit in Form staatlich vorzuhaltender Kindergartenplätze mit gesetzlich verankertem Anspruch und, im Nichtgewährleistungsfalle, monetärem Entschädigungsausgleich. Im Scheidungsfalle, als Normerzeugnis in die Vorausschau vorbeugend einbezogen, kann die Rolle des Kindes dann noch in den Rang eines Verhandlungs- oder Erpressungsgegenstandes erhoben werden.

So ist der gegenwärtig in einem bereits allzu weiten Bereich unserer Bevölkerung erreichte Stand – im Moment vielleicht noch nicht der Mehrheit, aber im Nachvollzug immerhin bereits von der Rechtsprechung sanktioniert. Wie ist ein so deprimierender Niedergang des Menschenbildes und der gesellschaftlichen Ethik in schwindelerregend kurzer Zeit, gemessen an hunderttausend Jahren der Menschwerdung, möglich geworden?

Um zumindest einige der Hintergründe und Voraussetzungen besser verstehen zu können, wird es sich empfehlen, einige historische und anthropologische Zusammenhänge der Menschheitsentwicklung zu betrachten. Es geht um die Frage der conditio humana, des Ursprungs und der Stellung des Menschen im Kosmos und innerhalb der irdischen Schöpfung. Um hierbei mit einiger Gründlichkeit zu Werke zu gehen, ziehen wir zunächst ein bekanntes Dokument, die Schöpfungsgeschichte des Alten Testaments, zu Rate, um dann zu biologischen und psychologischen Sachverhalten der Menschwerdung fortzuschreiten.

In der Genesis wird der grundlegende Unterschied zwischen Mensch und Tier – bei einer Fülle fortbestehender biologischer Gemeinsamkeiten – ungeachtet einer uns so erscheinenden Naivität mit bemerkenswerter Intuition und Treffsicherheit beschrieben. Der Mensch des Paradieses, in Unkenntnis von Gut und Böse, wurde gewissermaßen hinter dem Rücken seines Schöpfers des Bewußtseins teilhaftig. Indem er vom verbotenen Baum der Erkenntnis aß, beging er die im Menschengeschlecht fortdauernde Erbsünde. Die Schlange hatte der Eva verkündet: Ihr werdet sein wie Gott und wissen, was gut und böse ist. Der Mensch lernte in diesem Augenblick, sich als etwas radikal Anderes zu erkennen als seine natürliche Umgebung. Voraussetzung für seine nun wachsende Bewußtseinsschärfe war, physiologisch betrachtet, eine vergleichsweise abnorme Entwicklung des Gehirns.

Die Aussage der Bibel: »Da wurden ihrer beide Augen aufgetan und wurden gewahr, daß sie nacket waren«, umschreibt den endgültigen Bruch mit der Natur. Die Genesis stempelt den Menschen somit zu einem Wesen, das seine Stellung außerhalb der Natur gegen den ausdrücklichen Willen seines Schöpfers erlangte. Es ist mit Händen zu greifen, daß diese Stelle der Genesis einen

Protest der zum Menschsein verurteilten Geschöpfe ausdrückt, lastet doch auf ihnen, anders als bei aller übrigen Kreatur, das Bewußtsein des lebenslänglichen Daseinskampfes (im Schweiße deines Angesichts. . .) und als dessen Ziel der bevorstehende unvermeidliche Tod.

Im zweiten Kapitel der Genesis heißt es dann nach Abschluß des gesamten Schöpfungsvorgangs: »Gott ruhte am siebenten Tage von allen seinen Werken, die er machte.« Dieses schöne, zugleich naive Bild läßt außer acht, daß die Allmacht keine Arbeit im menschlichen Sinn verrichtet und es daher nicht nötig haben kann, von ihrer Mühe auszuruhen. Hier tritt vielmehr das früh empfundene Bedürfnis des Menschen zutage, Arbeitspausen einzulegen, wie den Sabbat der Juden. Solche periodischen Ruhetage sind den Tieren unbekannt. Sie sind ihr ganzes Leben hindurch tätig, wenn man von Winterschlaf und ähnlichen Zuständen absieht, die andere als Erschöpfungsgründe haben. Der normale Schlaf der Tiere genügt, um einen völligen Ausgleich des Kräfteverbrauchs zu gewährleisten. Die geistige und seelische Last des menschlichen Bewußtseins erzwang dagegen offensichtlich die rituelle Einschaltung des Sabbats schon in grauer Vorzeit.

Wie aber, so fragen wir, konnte ein in Unbewußtheit lebendes Wesen sündigen? (Beim Tier wäre diese Frage abwegig, es ist seiner unbewußten Natur gemäß amoralisch.) Den Urhebern der Genesis mag diese Schwierigkeit vorgeschwebt haben, als sie die Schlange, das heißt den Teufel, als Verführer einführten. Dieser indessen kann in seiner Wirkung nicht anders, als die Allmacht zu beschränken, indem er dem Prinzip des Bösen an allen Enden Geltung verschafft. Eine Entwicklung, die in solcher Weise verläuft, ist mit dem Begriff von Gottes Vorsehung schwerlich vereinbar. Der Mensch trat somit in einen Zustand, der von Gott nicht gewollt war, den er ›sich selbst geschaffen‹ hatte, und mit dem fertig zu werden ihm selbst überlassen wurde. Hieraus entstand das fundamentale Erlösungsbedürfnis des aus der Unschuld getretenen Menschen, und eben hier liegt der Ursprung aller höheren, einschließlich der christlichen Religionen. Dies ist, in äußerst knapp gehaltenen Umrissen, der moralische Aspekt der menschlichen Existenz.

Hinsichtlich des rein biologischen Aspekts hingegen, also aus Sicht des Anthropologen, ist der Mensch ohne Frage ein unlösbarer Bestandteil der Natur. Diese im Sinne wissenschaftlicher Erkenntnis einwandfreie Betrachtungsweise muß nun aber zwangsläufig zu einer skeptischen Einschätzung der totalen Technisierung unseres Lebens in faktisch allen Bereichen führen. Die direkte Berührung mit dem, was von Natur noch übrig geblieben ist, gerät zum Urlaub; das eigentliche Leben des Zivilisationsmenschen westlicher Prägung liefert die Arbeitswelt und, als stellvertretende Erlebniswelt, das Fernsehen von Kindesbeinen an. Nur was diese Beschäftigungen an kargen Restbeständen verwertbarer Zeit und Kraft übriglassen, wird in heutiger Zeit, mit einem Unterton der Vergeblichkeit, Familienleben genannt. Wie diese zerstörerische Entwicklung mit allen medienpolitischen Mitteln – unterschwellig oder mit offenem Visier – gefördert wird, wird im 6. Kapitel zu untersuchen sein.

Unter dem Gesichtspunkt der stammesgeschichtlichen Entwicklung aller Lebewesen einschließlich des Menschen ist, gegenüber einer allzu optimistischen Einschätzung der bevorzugten Rolle unserer Spezies im Zusammenhang des kosmischen Geschehens, in Erinnerung zu rufen, daß die Leistungen der Evolution neben vielen Treffern von noch unzählig viel mehr Nieten gekennzeichnet waren: daß die Natur sich in Millionen Fällen unbarmherzig korrigiert und ganze Weltpopulationen dem Untergang durch Aussterben oder Katastrophen überantwortet hat. Ganz gewiß gehorchte die Menschwerdung naturgesetzlichen Vorgaben, aber man sollte es sich mit dem Beiseiteschieben der Möglichkeit, daß die Entstehung nicht etwa eines integralen, sondern vielmehr eines höchst partiellen Bewußtseins, verkörpert in der Spezies homo sapiens, von der Natur zur Disqualifikation vorgemerkt sein könnte, nicht zu leicht machen. In diese Richtung weist das in der Einleitung dieses Buches erwähnte, in weiten Teilen höchst schlüssige Werk Hoimar von Ditfurths *So laßt uns denn ein Apfelbäumchen pflanzen,* auch wenn man sich dessen Schlußfolgerungen als Zivilisationskritiker nicht ungeteilt anschließen will. So mutet das Verhalten Einzelner wie ganzer Völkerschaften mehr denn je wie programmierter Wahnsinn an – fern von jedem Gedanken an Vernunft, geschweige denn Instinkt.

Wir dürfen hier Goethe zitieren, der in seinem *Faust* vor nun 200 Jahren hellsichtig die Situation des abendländischen, des ›faustischen‹ Menschen durchschaut und gültig zusammengefaßt hat: Er läßt im »Prolog im Himmel« den Mephistopheles zum Herrn, auf dessen Frage nach dem Befinden des Menschen, als seines höchsten Geschöpfs und Ebenbilds auf Erden, folgendes sagen:

»Verzeih', ich kann nicht hohe Worte machen,
Und wenn mich auch der ganze Kreis verhöhnt;
Mein Pathos brächte dich gewiß zum Lachen,
Hättst du dir nicht das Lachen abgewöhnt. . .
Ein wenig besser würd' er leben,
Hättst Du ihm nicht den Schein des
Himmelslichts gegeben;
Er nennt's Vernunft und braucht's allein,
Nur tierischer als jedes Tier zu sein.«

Goethe schrieb ohne Frage nach dem damaligen Stande der Menschheitserfahrung, im Bewußtsein traumatischer individueller wie kollektiver Katastrophen, wie sie der Mensch immer wieder erlitten hat oder selbst herbeizuführen wußte, etwa der Pest, der Inquisition, der Ausrottung indianischer Kulturen oder des Dreißigjährigen Krieges.

Ganz zweifelsfrei schwebten ihm die hautnah erlebten Ereignisse und Greuel im Gefolge der Französischen Revolution vor. Hätte er Gelegenheit gehabt, Zeuge jener Ereignisse zu sein, deren Vollzug erst dem 20. Jahrhundert vorbehalten sein sollte, wäre ihm zweifellos klar geworden, daß die Schlußzeile des vorigen Zitats eine Beleidigung jeglicher Tiergattung in sich schließt; er hätte für seine ansonsten so zutreffende Feststellung dann wohl eine andere, die Tierwelt nicht kompromittierende Formulierung gewählt. Auch die klassische Definition Thomas Hobbes' (»Homo homini lupus« – »Der Mensch ist des Menschen Wolf«) hätte einer Umprägung bedurft, etwa ›homo homini homo‹.

Fast noch aufschlußreicher für unsere Betrachtung sind jedoch die zwei vorhergehenden Zeilen ab Mitte unseres Zitats, die übrigens auch besonders augenfällig die subtile sprachliche Schattierungskunst unseres genialsten Dichters zeigen. Goethe legt seinem Mephisto nicht – wie es auch schlüssig hätte lauten können – in den Mund: ›. . . hättst Du ihm nicht das Himmelslicht [das Bewußtsein, die Erkenntnis, die Vernunft] gegeben‹; es hätte sich hier um integrales Bewußtsein, die vollständige Welterkenntnis, die dem Menschen strukturell und unabänderlich verwehrt ist, handeln müssen. Nein, der Dichter schreibt ausdrücklich – und hierfür durchbricht er sogar in der betreffenden Zeile den sonst durchgängigen Rhythmus des Versmaßes durch eine Erweiterung um zwei Silben, so wichtig ist ihm das Anliegen:

»Hättst Du ihm nicht den *Schein* des Himmelslichts gegeben.«

Das war es. Das Himmelslicht selbst, als integrales Bewußtsein, war dem Menschen wie dem Tier vorenthalten. Wohl ist der Mensch nicht mehr Tier, denn von ihm unterscheiden ihn sein Bewußtsein und sein intellektuelles Vermögen. Aber dieses Bewußtsein ist nicht integral, allumfassend, daher gottgleich; sondern partiell, eben nur zur biologischen Orientierung unter allzu irdischen Verhältnissen bemessen. Das ist schon etwas, ja bereits unbegreiflich viel, den Himmel streifend, hoher Erkenntnisse fähig, siehe Leibniz, Newton, Bach, Beethoven, Goethe, Schiller, Kant, Einstein, Heisenberg, aber eben partieller Erkenntnisse. Das Dunkel, das Rätsel, die Frage bleibt, sagt Fontane. Das im biologischen Sinne Nennenswerte, das den Menschen dank seiner Bewußtheit vom Tier abhebt, ist seine erworbene intellektuelle Fähigkeit, instinkt- und ausstattungsmäßige Mängen auszugleichen; im übrigen das Wissen um seinen Tod, und nichts weiter.

Einer der brillantesten Denker und Anthropologen deutscher Sprache in der ersten Hälfte dieses Jahrhunderts, Max Scheler, hat in seiner Schrift zur Stellung des Menschen im Kosmos in den zwanziger Jahren diesen im Rückgriff auf Darwin als »werkzeugmachendes Tier« gekennzeichnet, ein seither klassisch gewordener Begriff. Ist so die conditio humana, die möglicherweise tatsächlich einzigartige Stellung des homo sapiens (oder homo faber) in der Welt für den Zweck unserer Erörterungen hinreichend bestimmt, so gilt es nun, in einem weiteren Schritt das den Kosmos in Physik und Biologie durchwaltende Prinzip der Polarität ins Auge zu fassen.

Wir unterscheiden bei den elektromagnetischen Kraftfeldern jeweils einen Pluspol und einen Minuspol; zwischen beiden ist das strukturierte Feld eingelagert. Auch die Erde, wie alle Himmelskörper, hat je einen magnetischen Nord- und Südpol; das Gleiche gilt für Atome und Moleküle. In der molekularen Struktur etwa einer Aminosäurekette oder einer Zelle treten jeweils zwei Pole auf; sie beeinflussen die Wachstums- und Entwicklungsvorgänge in entscheidender Weise. Selbst in der Psychologie ist Polarität als Strukturprinzip der Charakterformung erkannt worden, wie um 1950 das Werk Albert Welleks eindrucksvoll belegt hat. Georg Wilhelm Friedrich Hegel, als epochemachender Philosoph des frühen 19. Jahrhunderts und Begründer einer ›Phänomenologie des Geistes‹, sprach in seiner Abhandlung über die Logik von der Polarität in dem Sinne, daß sie »einen Unterschied verkörpere, in dem die Unterschiedenen untrennbar verbunden sind«, eine auch im Sinne unseres Themas aufschlußreiche Abstraktion. Diese wenigen Andeutungen lassen bereits erkennen, wie das Prinzip der Polarität aus seinem physikalischen Ursprung heraus sich nicht nur im Reiche des Biologischen fortsetzt, sondern in der Folge, ob seiner als fundamental erkannten Ankerfunktion in der Organisation des Kosmos, selbst Provinzen des Geistes, wie Philosophie und Psychologie, durchdrungen hat. Hierbei wird im allgemeinen von der Voraussetzung ausgegangen, daß die Herkunft des Universums selbst energetischer, das heißt in metaphysischer Betrachtung geistiger Natur sei, wie seit Einsteins Relativitätstheorie Masse und Energie als äquivalente Erscheinungsformen der kosmischen Phänomene anerkannt sind.

Aus den Grundlagen des Physikunterrichts erinnern wir uns, daß gleichnamige Pole sich abstoßen, ungleichnamige, Plus und Minus, dagegen einander anziehen; dementsprechend funktioniert jeder Magnet und ebenso, ins Biologische übertragen und zum Zweck der Arterhaltung, die Zweiteilung der Geschlechter bei allen höheren Tiergattungen einschließlich des Menschen, hier in sublimer Gegenüberstellung von Mann und Frau. Bekanntlich hat die Natur in der gesamten Sphäre des Biologischen (Bios = Leben) nirgendwo einen derart phantastischen Reichtum der Erfindung entwickelt wie in jenem Bereich, der ihr als der wichtigste erschien: die Arterhaltung durch Fortpflanzung der Individuen nach den Regeln der Polarität.

Bei der Behandlung dieses Komplexes in entwicklungsgeschichtlicher Dimension erscheint es nun zweckmäßig, die Tierwelt, aus der sich auch die Gattung Mensch entwickelt hat, ins Blickfeld einzubeziehen; hat sich doch in der Beziehung zwischen den Geschlechtern die Abkehr des Menschen von der Natur, insbesondere dem ihm nächst gelagerten Bereich der Säugetiere, am eindrucksvollsten offenbart. Wohn- und Ernährungsweise, Aufenthalt in geschlossenen Räumen, Verwendung des Feuers und Arbeitsteilung haben uns den natürlichen Verhältnissen entfremdet und sind wahrscheinlich die Hauptursache dafür, daß die normale Rhythmik des Geschlechtslebens verlorengegangen ist und die in Tier- und Pflanzenwelt übliche Periodizität einer Kontinuität Platz gemacht hat.

Das Tier verwendet normalerweise seine gesamte Kraft zur Nahrungssuche, zur Abwehr von Feinden und zur Aufzucht der Jungen. Das männliche Tier kann viele Monate des Jahres mit einem Rudel Weibchen zubringen, ohne daß sein Geschlechtstrieb geweckt würde. Dann, zu einem Zeitpunkt, der präzise durch die Dauer des Austragens und die Wetterverhältnisse bei der Geburt der Jungen bestimmt ist, erwacht der Paarungstrieb mit einem phantasievollen, erfindungsreichen Vorspiel. Die männlichen Tiere haben ihr Hochzeitsgewand erhalten, prächtige, glänzende Felle oder farbenfreudige Federn. Mit zahlreichen Mitteln versuchen sie, die Aufmerksamkeit der Weibchen auf sich zu lenken, und umwerben sie, bis die Paarung erfolgt, die stets ein Zweck im Dienste der Natur bleibt: die Erhaltung der Art. Der innere Mechanismus der Annäherung der Geschlechter ist uns, wie so oft bei den entscheidenden Fragen, verschlossen; wir müssen uns damit begnügen, ihn als eine Variante des kosmischen Schöpfungsdranges anzusehen. Mit dieser Feststellung erhält der lebenspendende Akt der Paarung eine gewissermaßen mythische Weihe, die keiner weiteren spitzfindigen Begründung bedarf. Er gleicht insofern anderen kosmischen, den künstlerischen oder wissenschaftlichen Schöpfungsakten. Durch eine solche Auslegung gewinnt dieser Akt, auch bei allen Naturvölkern und Primitiven, kultischen Charakter, wohingegen das Christentum – dasjenige aus zweiter Hand, wohlgemerkt – ihn zur Sünde gestempelt hat, die erst durch Sakramente, das heißt durch die Heiligung der Ehe, aufgehoben werden mußte.

Überdenkt man nun die Vielfalt sekundärer Geschlechtsmerkmale, mit denen die Natur die Tiere vor der Paarung ausstattet, so entsteht der Eindruck, daß der Hochzeitsakt selbst einen unzureichenden Anreiz ausübt, um die Absicht der Natur zu verwirklichen. Einer langandauernden vielgestaltigen Werbung folgt ein kurzer Paarungsakt, der somit in der Tierwelt als reines Mittel zum alles andere überlagernden Zweck erscheint: der Sicherung der Art. Diese Erkenntnis verdient Hervorhebung, weil das Geschlechtsleben des Menschen sich weitgehend ins Gegenteil verwandelt hat – in Selbstzweck, der freilich in der bewußtseinsmäßigen Konditionierung des Menschen fallweise durchaus einer mythischen Weihe teilhaftig sein kann. Zu fragen bliebe, ob dies je als Regel angenommen werden konnte oder kann: auf diese Frage aber käme es an.

Schon bei den Haustieren zeigt sich, daß die an die Jahreszeiten gebundene Periodizität der Brunst, gegenüber dem im Freiheit lebenden Wildtier, vielfach durchbrochen wird. Es handelt sich, als Folge der Domestizierung, einwandfrei um eine Degenerationserscheinung, die beim zivilisierten Menschen über lange Zeiträume zum Extrem ausgeprägt worden ist. Gesicherte Erkenntnisse über den Beginn dieser Entwicklung beim homo sapiens, zum Beispiel die Häufigkeit der Menstruation oder der Wegfall jeglicher Periodizität im Geschlechtstrieb des Mannes, fehlen. Ebenso ist die Frage unbeantwortet, inwieweit der Mensch eine so radikale Abkehr von der Natur ungestraft vollziehen kann.

Ein praktisches Beispiel: In der Tierwelt und auch noch bei naturverbundenen menschlichen Lebensformen, den Primitiven, ist es normalerweise so, daß die Geschlechtsreife erst dann eintritt, wenn das Individuum, ob männlich oder weiblich, imstande ist, sein Dasein selbständig zu fristen, das heißt ohne fortdauernde Unterstützung des Elternpaares. Das ist nicht nur natürlich, sondern auch logisch, denn Fortpflanzung setzt grundsätzlich einen Überschuß an vitalen Kräften voraus. Diese Voraussetzung ist selbstredend nicht gegeben, wenn ein Individuum sich noch in der ›Ausbildung‹ befindet, das heißt in der Vorbereitung auf den Lebenskampf, in der Regel noch in der Obhut der Eltern. Beim zivilisierten Menschen liegen 10 bis 15 Jahre zwischen dem Beginn der Geschlechtsreife und der materiellen Selbständigkeit – eine biologische Degenerationserscheinung von schwerwiegenden Folgen .

Eine solche Situation sollte eine weitestmögliche Abschirmung der Jugend gegen erotische Einflüsse empfehlen – diese heute als Prüderie verschriene Praxis galt denn auch etwa bis zur Mitte unseres Jahrhunderts. Unverständlicherweise – wenn man die Hintergründe nicht kennt – geschieht nun seit Jahrzehnten das Gegenteil: Eine obszöne Publizität in Form geballter Pornographie ist nicht nur an jedem Zeitungskiosk wohlfeil, sondern selbstverständliche Pausenlektüre an Grundschulklassen. Dahinter steht ein so mächtiges Geschäftsinteresse im Namen der Pressefreiheit, daß gesetzgeberische Einflüsse, falls sie irgendwo überhaupt noch aufgeboten werden wollten, zur Versandung verurteilt sind und allmählich absterbende Elternproteste selbstverständlich schon gar. Die Folge sind Abstumpfung, Verrohung, Brutalisierung und Desillusionierung zahlloser pubertierender Halbkinder und ihre massenhafte Flucht in die Droge; bestenfalls noch in die Diskothek, die seit längerem unter den Jugendlichen beiderlei Geschlechts eine weit klaffende Bedarfslücke gefüllt hat. Durch dauernde Ausstrahlung brutalen Lärms in stupidester Rhythmik gilt die Diskothek unverständlicherweise als der chice Treff. Verständlich wird das Phänomen erst, wenn man erkannt hat, wo ihre wirkliche Bedarfserfüllung, ihre eigentliche soziale Funktion liegt, nämlich darin, daß sie durch ihre akkustischen Dauerexzesse, die unzählige Dauergehörschäden verursachen – Fälle für die Krankenkasse –, zur Institution der Sprachlosigkeit geworden ist. Die Seele des Gymnasiasten ist längst abgestumpft, das Herz schweigt wie der Mund. Man hat sich nichts zu sagen, man ist in Gesellschaft, unter sich – und allein. Welch unergründliche Massenverirrung hat der Kommerz hier geschaffen, welch grauenvolle Öde bereits bei Anbruch der jungen Lebensläufe!

Kaum erscheint es noch vorstellbar, daß unsere Großeltern in entsprechender Situation, dem Aufknospen früher Liebe, der Suche nach dem anderen Geschlecht, schilfgesäumte, mondbeschienene Ufer aufsuchten, um ihr ungestörtes Zwiegespräch finden zu können – man konnte die Herzen klopfen hören –, sich Gedichte schrieben, oft ungelenke Versuche, aber kam es darauf an? Es war das Gespräch, das Suchen und schließlich Finden des Anderen, das Fühlen eigenen Wachsens, kurz, das sich ankündigende Leben. Und den Abiturienten seiner Zeit konnte ein Theodor Fontane noch ins Widmungsbuch schreiben, ohne Gefahr, sich lächerlich zu machen:

> Bei Kuß und Spiel und Scherzen
> Erkennst Du ganz, was Leben heißt:
> O lerne denken mit dem Herzen
> Und lerne fühlen mit dem Geist!

Zurück zur Gegenwart. Angesichts der aktuellen Lage eines großen Teils unserer Jugend wundern sich viele immer noch über die praktisch kaum noch lösbaren psychologischen und pädagogischen Probleme, denen eine zum Gesetz erhobene Permissivität, dazu in erheblichem Umfang das fragwürdige Vorbild der Elterngeneration – etwa der berühmten 68er –, Tür und Tor, um nicht zu sagen Schleusen geöffnet hat. Der verwüstende Strom der ziellos gewordenen Psyche droht unter sich zu begraben, was viele Jahrhunderte rückschlagvoller, aber am Ende doch zu einiger Humanität gereifter Pädagogik mühselig errichtet haben. Hier noch von einer irgendwie vernunftgesteuerten Entwicklung zu reden wäre reine Frivolität. Auf die Breitenergebnisse der ›antiautoritären‹ Erziehungswelle, deren Banner in den 70er Jahren entrollt wurde, stolz zu sein, haben wir keinerlei Veranlassung. Allerdings, wo keine Autorität ist, dort gerät die antiautoritäre Pädagogik sozusagen von allein. Daß Schüler bei der Abiturprüfung Hauptfächer abwählen dürfen, weil sie ihnen zu schwierig sind, oder ohne Sanktion ihre Lehrerin physisch angreifen, sind nicht Marksteine einer wie immer gearteten Pädagogik, sondern deren Perversion.

Wenn wir einem Schwerpunkt des 4. Kapitels, dem Verhältnis der Geschlechter aus historischer Sicht, schon hier vorwegnehmend näher treten, so sehen wir ein von vielschichtigen Entwicklungssträngen durchwobenes Beziehungsgeflecht. Eindeutiges, weil von der Natur unverrückbar gesetztes Merkmal war, ist und wird immer sein das schon früher angesprochene Prinzip der Polarität, das sich zunächst in der Aufgabe der Fortpflanzung verwirklicht, die, der Gesamtanlage des Kosmos entsprechend, an die Zweipoligkeit gebunden ist; darüber hinaus, mit dem Blick auf praktische Lebensbewältigung, in der Arbeitsteilung. Es entstanden wie selbstverständlich Rollenbilder, die seit Urzeiten dem kräftiger konstituierten Mann zum Beispiel die Aufgabe der Nahrungssuche, der Jagd, später den Ackerbau und noch später die Erfindung immer besserer Werkzeuge, was wir heute als Technik bezeichnen, zuwiesen. Überdies oblag ihm zu allen Zeiten die Bewaffnung und Verteidigung, zunächst der eigenen Horde, später des Vaterlandes, gegen Angriffe von außen. Solche Angriffe, wenn der Gegner sie erfolgreich durchzuführen vermochte, bedeuteten in Urzeiten meist die Vernichtung der eigenen Sippe. Die Ereignisse unserer lebendigen Gegenwart belehren uns, daß derartige ›Urzustände‹ noch nicht unbedingt als überwunden gelten dürfen. Es wäre daher absolut unrealistisch, die Wehrhaftigkeit als Bestandteil des vitalen Prinzips relativieren oder als Anachronismus abtun zu wollen. Den Beweis dafür – um nur an ein uns Mitteleuropäern geographisch besonders naheliegendes Beispiel zu erinnern – liefern die Vorgänge auf dem Balkan; gestern, heute, und wie zu befürchten steht, auch morgen.

Der Wirkungsbereich der Frau im Sinne dieser Arbeitsteilung war, naheliegend, das Austragen, das Gebären und darüber hinaus die Aufzucht des Nachwuchses, die Verarbeitung und Zubereitung der Nahrung, das Weben von Tuch, das Sammeln von Heizmaterial, später die Haltung der Haustiere, kurz der Innenbereich. In der arbeitsteiligen Bewältigung all dieser Aufgaben gingen die Geschlechter auf; ein Glücksanspruch war ebenso unbekannt wie ein wie immer geartetes Emanzipationsstreben. Denn wovon, und vor allem wozu, hätten die Geschlechter sich unter so gearteten, lebensfeindlichen Umweltbedingungen emanzipieren sollen? Die Entwicklung verlief vielmehr in entgegengesetzter Richtung: einer immer weiter getriebenen Spezialisierung. Am vorläufigen Ende einer jahrtausendelangen Evolutionsskala stand dann das Bild ›des Mannes‹ in seinen geschätzten Tugenden, der Kraft, des Mutes, der Arbeitsamkeit, der Ehrlichkeit, seiner Erfindungsgabe in praktisch-technischen und später auch in poetisch-ästhetischen Richtungen. Mit solchen positiven Eigenschaften ergänzte er ›die Frau‹, deren Bild das zarte, gefühlvolle, fürsorgliche, treue, fromme, erdverbundene, häusliche, vor allem aber das lebenspendende und -erhaltende Prinzip versinnbildlichte, das die Lebenssphären beider Geschlechter krönte.

Was in der Neuzeit diesem über lange Zeiten beständigen Bild der Geschlechter an romantischen bis sentimentalen Elementen nach und nach hinzugefügt wurde, sahen wir am Beispiel des Romans und seiner über drei Jahrhunderte hinweg wirkenden Prägekraft. Was in Zukunft, ausgehend von den heutigen Drogenecken und Pornoheften auf Schulhöfen und dem modernen Typ von Zweisamkeit in Diskotheken und Spielhallen und ergänzt durch einen vom Staat mit allen Mitteln der Nivellierung geförderten lemminghaften Drang zur pflegeleichten Universität, an Rollenbildern in völliger innerer wie äußerer Einheitlichkeit bis zur Umkehrung hervortreten wird, ist schwer zu berechnen; zu vielerlei Befürchtungen ist jeder Anlaß gegeben. Halten wir uns zunächst an Greifbares, wie es sich in unseren bisherigen Betrachtungen bewährt hat.

Wer zum Beispiel über lange Jahre, auf Reisen und daheim, den Gesichtsausdruck vieler Frauen in verschiedenen Nationen und Kulturkreisen beobachtet hat, ist immer wieder beeindruckt von dem Gegensatz zwischen den erwartungsvoll glänzenden Augen junger Mädchen und dem abgestumpften, resignierten Blick vieler verheirateter Frauen. Häufig vollzieht sich dieser Wandel in erschreckend kurzer Zeit. Es sieht so aus, als ob die Ehe in vielen Fällen die von den Partnern, vor allem den Frauen, in sie gesetzten Erwartungen nicht erfüllt. In manchen solcher Fälle – aber mitnichten immer – kann Mutterschaft einen Ausgleich oder Trost vermitteln.

Oft drängt sich die Frage auf, ob der heutige, sich so sehr autonom fühlende Einzelmensch auch hier nur eine

Figur auf dem Spielbrett der Natur ist; ferner, ob die Erwartungen speziell von seiten der Frau im Sinne des Naturgesetzes etwa keine Bedeutung beanspruchen dürfen. Sehen wir bei dieser Frage von der Tauglichkeit des Lebens im allgemeinen und der Ehe im besonderen als Einrichtung zur Erlangung leichten Glücks ab – wir wissen, daß beide, Leben wie Ehe, nicht dafür gemacht sind.

Betrachten wir in diesem Zusammenhang nochmals die Tierwelt und den frühen Menschen. Man trifft bei den Tiergattungen auf alle Varianten: Einzelgänger, zeitweilige oder lebenslange Paare und Polygamie. Bei höheren Tieren nimmt die psychische Differenzierung zu. Schimpansen zum Beispiel sind sehr unterschiedlich im Charakter, Intelligenz und Temperament. Männliche wie weibliche Individuen scheinen ihre Auswahl zur Paarung nicht mehr nur unter rein physischen Gesichtspunkten zu treffen, vielmehr scheinen Sympathiemomente mitzuspielen. Ähnliches ist vom Liebesspiel anderer hochentwickelter Tierarten bekannt.

Es ist anzunehmen, daß in den Urzeiten des Menschen die Beziehungen zwischen den Paaren sich nicht wesentlich von denen der höheren Tiere unterschieden haben. Das weibliche Geschlecht erwartete vom Mann sicherlich nicht, daß er ihm besondere Aufmerksamkeit widmete. Dazu war einerseits der Lebenskampf zu hart, andererseits das Weib noch relativ unspezialisiert, das heißt selbständiger in bezug auf Nahrungssuche und Verteidigung gegen Witterung und Feinde. Erst der Gebrauch des Feuers und das Bewohnen von festen Hütten oder Höhlen förderte die Arbeitsteilung, die den weiblichen Wirkungskreis stärker vom männlichen abgrenzte. Ermöglicht wurde diese Entwicklung durch ein rasches Anwachsen von Bewußtsein und Intelligenz, wie die zunehmend verfeinerten Werkzeuge in paläontologischen Funden beweisen. Über hunderttausend Jahre konnte sich parallel dazu ein Gefühlsleben entfalten, womit zwangsläufig eine zunehmende Differenzierung der Individuen einherging. Hier liegen die frühen Wurzeln der Eheprobleme späterer Zeiten.

Wenn wir für das Zusammenleben unserer frühen Vorfahren die Bezeichnung ›Ehe‹ verwenden, so ist darunter ein Zweckverband zu verstehen, der dadurch zustande kam, daß die Abhängigkeit der Kinder von den Eltern immer länger dauerte. Dadurch wurden die Partner für eine im Verhältnis zum Tier lange Zeit zum Zusammenleben gezwungen. Hieraus hat sich nicht nur die lebenslange Ehe entwickelt, sondern auch jenes spezifische Eltern-Kind-Verhältnis, das für uns wenigstens bis vor kurzem als selbstverständlich galt. Wir erkennen, daß aus der zunehmenden psychischen Differenzierung der Einzelnen die bekannten Schwierigkeiten in der Ehe herrühren, aber auch, daß diese Faktoren, mit denen wir als Gegebenheiten umzugehen pflegen, nicht einfach ›da sind‹, sondern daß sie ›geworden‹ sind.

Ist das Eheproblem schon im psychischen Bereich äußerst kompliziert, so wird es durch die spezifisch menschliche Art physischer Degeneration noch schwieriger. Der ursprünglich naturhafte geschlechtliche Rhythmus, der die Beziehungen der Geschlechter zueinander relativ einfach gestaltete, ist verlorengegangen. Statt seiner haben wir heute die ständige Bereitschaft des Mannes, allerdings in Abstufungen reguliert oder neutralisiert durch berufliche Beanspruchung oder Sorgen verschiedener Art. Bei der modernen Frau dagegen hat sich eine weitgespannte Skala herausgebildet, die von völliger Frigidität bis zu einem männlich anmutenden Temperament reicht. Es wird immer aussichtsloser, die zahlreichen Überlagerungen, die sich hier ergeben, in einer Ehe zu harmonisieren.

Eine Ursache liegt vielfach darin, daß der Individualisierungsprozeß insbesondere der höher gebildeten Frau natürlich auch auf den Bereich des Geistigen übergegriffen hat, so daß dieser Frauentyp hinsichtlich der Differenzierung des Persönlichkeitsbildes dem Mann der entsprechenden Bildungsstufe vergleichbar wird. Ohne Frage liegt der Schwerpunkt bei der Frau auch heute noch im gefühlsbetonten Bereich, aber schon durch die berufliche Konkurrenz wird sie zu kämpferischer Stellungnahme gezwungen, ihre Urteilsbildung wird geschärft und damit ihre Persönlichkeit ausgeprägt. Diese Tatsachen bestimmen den Unterschied im Vergleich der Frau von heute mit der vergangener Jahrhunderte, wobei daran zu erinnern ist, daß die Persönlichkeit eines Menschen, ob Mann oder Frau, mehr im Gefühlsleben als im Intellekt verankert ist. Die Psyche der Frau gleicht mehr und mehr – in Anlehnung an männliche Strukturen – einer komplizierten Linie mit zahlreichen Ausschlägen nach beiden Seiten, so daß die wachsende Schwierigkeit einleuchtet, ein jeweils einigermaßen passendes Gegenstück männlichen Geschlechts zu finden. Diese Situation ist freilich überlagert von der urtümlichen Sehnsucht der Frau – auch der beruflich erfolgreichen und intellektuell selbständigen – nach Ergänzung durch den Lebensgefährten, nicht zuletzt auf geistiger Ebene.

Früher war die psychische Linienführung, vor allem bei der Frau, bedeutend einfacher, und es war demgemäß leichter, den geeigneten Partner zu finden, mit entsprechend gemindertem Bindungsrisiko. Es gibt noch heute Völker und Rassen auf zum Teil hoher Kulturstufe, wo man die Braut heimführt, ohne sie jemals von Angesicht betrachtet, geschweige mit ihr gesprochen zu haben. Wenn die Ehen im Durchschnitt dort eher harmonisch verlaufen als bei uns, so liegt das einerseits sicherlich daran, daß romantisch verklärte Erwartungen an die Zweisamkeit nicht die belastende Rolle spielen wie in den meisten Teilen Europas; häufig ist in diesem Sinne auch eine stärkere religiöse Verwurzelung hilfreich. Vor allem aber ist es die mehr typenhafte, weil naturnähere Ausprägung und somit der geringere Individualisierungsgrad der Menschen, der diesen Unterschied erklärt.

Noch schwieriger wird es, unter den bei uns waltenden psychologischen und sozialen Voraussetzungen eine harmonische Ehe zu führen, wenn auf beiden Seiten starre Meinungen und Standpunkte vertreten werden und die völlig unabdingbare Toleranz fehlt. Diese wiederum setzt eine beachtliche Einsicht in den Zusammenhang der Dinge, das heißt geistige Reife, voraus. Darum birgt jede in sehr jungen Jahren geschlossene Ehe zusätzliche Gefahrenmomente, die in vielen Fällen durch nachpubertäre Schwächen wie Starrköpfigkeit und Geltungsbedürfnis erhöht werden. Hinzu kommt dann das Risiko, daß die noch in der Reifung befindlichen Partner sich auseinanderentwickeln. Dann wird jene Toleranz unerläßlich, die um den äußerst subjektiven und daher relativen Wahrheitsgehalt der Meinungen weiß angesichts unzähliger potentieller Konfliktstoffe; nicht zuletzt bei Fragen der Kindererziehung, beispielsweise der Entscheidung, ob diese sich nach dem gesellschaftlichen Status der Eltern oder der wirklichen Begabung oder Neigung des Kindes richten soll.

Die innere Klärung derartiger Probleme setzt Besinnlichkeit und Muße voraus, die den heutigen, in Beruf und Freizeit gleichermaßen überforderten Menschen beiderlei Geschlechts meist verwehrt ist. Glück erfordert Liebe, und Liebe benötigt Zeit zum Reifen und Orte des Verweilens. Ehen, die sich Glück in diesem Sinne zu erringen vermögen, werden daher immer seltener: bei gebildeten, komplizierteren Menschen wegen der Problematik der beiderseitigen Linienführung; bei primitiven, weil die Eintönigkeit des Daseins, in der beruflichen Sphäre nicht minder als zu Hause, mit der Zeit jede fruchtbare Spannung aufhebt, die im dauernden Zusammenleben der Geschlechter unerläßlich ist. In beiden Fällen gerät die

Ehe zum stumpfen Nebeneinanderherleben, das schon die alten Römer treffend mit dem Joch zweier Ochsen verglichen haben.

Eine Hilfe könnte theoretisch eine eingehendere Belehrung von Jugend an bieten, wie denn eine Ehe von Grund aufgestaltet werden sollte, um zu Harmonie und glücklicher Ergänzung der Partner zu finden. Dies liegt indes offenbar weit entfernt vom Interesse der öffentlichen Institutionen wie Staat, Parteien, Gewerkschaften oder Medien, denen mehr an restloser Ausbeutung des menschlichen Arbeits- und Konsumpotentials gelegen ist als am Glück der Menschen, das nur in privater Erfüllung zu finden ist. Betrachtet man unter diesem Gesichtspunkt beispielsweise die Beiträge von Gegenwartsliteratur, Theater, Film oder Fernsehen zu diesem Thema, so ist man entweder mit offener Denunzierung und Perversion konfrontiert oder, bestenfalls, mit vorehelichen Liebesspielen und Wechselkomödien. Da, wo die eigentliche Problematik, aber auch der schöpferische Aspekt im Zusammenleben der Geschlechter beginnt – oder beginnen sollte –, pflegt allzu oft der Vorhang zu fallen; da wird es nämlich in der Regel langweilig.

Nichtsdestoweniger dürfen die Gutwilligen und zugleich Intelligenten nicht nachlassen in der schöpferischen Auseinandersetzung mit diesen für die Lebensgestaltung so entscheidenden Problemen; denn hier geht es um unser ureigenes menschliches Schicksal, und wir verfügen aufgrund der Entstehungsgeschichte unserer epochalen Probleme nicht über nachahmenswerte Vorbilder zu ihrer Lösung. Daher müssen wir uns unsere Welt selbst schaffen unter vollem Einsatz unserer Verstandeskräfte und notfalls letzter psychischer Reserven, ja mehr noch: Es gilt zu erkennen, daß die Natur, deren Teil wir unabänderlich sind, unserer Sehnsucht nach Glück absolut gleichgültig gegenübersteht: als etwas in biologischem Sinne Überflüssigem. Ihr ist die Gabe der Phantasie, diese spontane, herrliche, gefährliche Auszeichnung des homo sapiens, unwichtig. Nur phantasiebegabte Wesen aber können Visionen und Wunschbilder entwerfen, können vom Glück träumen.

Glück, insbesondere das eheliche, erfordert Mäßigung der Ansprüche, Verinnerlichung, insgesamt reife Persönlichkeiten, die des Entdeckens und Genießens fähig sind; es erfordert Bejahung des Lebens und Aufgeschlossenheit gegenüber der Natur, den Wissenschaften und den Künsten, alles Dinge, die schlecht zu unserem Zeitgeist passen wollen, der auf alles andere, nur nicht auf das Heben innerer Schätze angelegt ist. Dabei sollte uns doch allein das Bewußtsein der Vergänglichkeit die Gegenwart des anderen – Mann oder Frau – als höchstes Gut erscheinen lassen, allen Strebens wert, solange es uns beschieden ist.

Die Ehe, als zivilisatorisch und sozial notwendige, aus biologischer Sicht aber eher akzidentelle Einrichtung, bedarf zum Ausgleich der zentrifugalen Kräfte, die an ihrem Gerüst zerren, der Vergeistigung einer lebenslänglich angelegten Bindung. Beides, die Naturwidrigkeit auf der einen Seite und die Vergeistigung auf der anderen, sind Ausfluß unseres potenzierten Bewußtseins. Ihre harmonische Auflösung beziehungsweise Koordination fordern aber ein gewisses Mindestniveau auf intellektueller wie auf emotionaler Ebene, wie es jungen Menschen nur eine auf Humanität und wahre innere Autonomie gerichtete Erziehung vermitteln kann. Nur auf diesem niemals mühelosen Wege kann ein Menschenpaar zu einer wachsenden Annäherung der verstandesbetonten männlichen und der mehr gefühlsbetonten weiblichen Koordinaten gelangen. Wird dies in fortgesetztem beiderseitigem Streben erreicht, so bildet es den Quell allen auf Erden erreichbaren Glücks, das im Alter auch das Versiegen vitaler geschlechtlicher Spannung zu kompensieren vermag.

Aber Glück ist etwas so Nahes, daß die meisten Menschen es übersehen, etwas so Einfaches, daß sie es nicht verstehen. Glück hängt immer ab vom Willen des Einzelnen, in der Ehe vom Willen der Zwei. Wer es mutwillig zerstört, versündigt sich nicht nur an sich selbst, sondern zugleich an der Menschheit – mag er nun dem Erdendasein des Menschen transzendente Qualitäten zuerkennen oder den Tod als endgültiges Verlöschen der individuellen Existenz auffassen. In beiden Fällen ist der Wille zum Glücklichsein und Glücklichmachen Weisheit.

Kindheit und Jugend

Die Zeit scheint gekommen, uns der dritten Komponente des Familienkosmos zuzuwenden, der alles weitere entscheidenden des Kindes; denn für das Gedeihen dieses während der langen Dauer seines Entwicklungsprozesses so überaus hilfs- und obhutbedürftigen Wesens ist ein warmes Nest, ein intaktes Familienleben von ausschlaggebender Bedeutung für sein ganzes Leben. Es dürfte auf der Welt nur wenige Kinderpsychologen oder Pädagogen geben – sofern sie ihr Handwerk gelernt haben –, die sich hierin nicht einig wären.

Um auch hier in Kürze von den in der Tierwelt vorgegebenen Verhältnissen auszugehen, die sich lange vor Erscheinen des Menschen entwickelt haben, fällt ins Auge, wie besonders bei den höheren Arten unter den Säugern doch schon eine abgestufte Gefühlswelt wirkt, und zwar vor allem da, wo Schutz- und Fürsorgeinstinkte für den Nachwuchs angesprochen sind. Das gilt für die Hauskatze mit ihrem Wurf Junger ebenso wie in der Wildnis bei Elefanten-, Affen- oder Gazellenverbänden. Wenn Gefahr reißender Tiere droht, bilden Wildpferde einen großen Kreis um ihre Fohlen, mit den wehrhaften Hinterhufen nach außen, gegen den Angreifer, gerichtet. Aber auch die unerwünschte Annäherung an Mövennester kann zum Beispiel für den neu- oder raubgierigen Menschen unangenehme Folgen haben. Jedermann bekannt sind überdies die typischen Szenen auf dem Hühnerhof, wenn der ausgeschlüpften Brut Gefahr droht. Hier waltet nicht Bewußtsein, sondern über tausend Generationen vererbter Instinkt im Dienste der Arterhaltung; doch der Jammer des Muttertieres beim Verlust eines Jungen verrät uns eine, wenn auch wenig entwikkelte, bei weitem nicht mit der weiten Skala des Menschen ausgestattete Gefühlswelt – eingelagert innerhalb der psychischen Entwicklungsstufen von Instinkt und Bewußtsein.

Der Geburtsvorgang bei Mensch und Pferd im Vergleich beweist uns einleuchtend den fundamentalen Unterschied in den frühen Lebensvoraussetzungen, insbesondere, was den so auffällig unterschiedlichen Grad der Hilfsbedürftigkeit anlangt. Das soeben geborene Fohlen trocknet in kurzer Zeit sein glänzendes Fell an der Sonne, streckt seine Glieder und ist alsbald in der Lage, auf seinen Beinen – rührend ungelenkig zwar – zu stehen und seine ersten Schritte ins Leben zu unternehmen. Sein Instinkt regelt unfehlbar die Nahrungsaufnahme, das Säugen beim Muttertier, auch schon kleinere Abwehrhandlungen wie das Wegwedeln von Insekten. Nach wenigen Wochen sehen wir es bereits weitgehend unabhängig von seinen Eltern auf der Weide umherspringen und grasen.

Man vergleiche hiermit das bescheidene Pensum, das der menschliche Säugling im gleichen Zeitraum auf seinem Wege zur Menschwerdung, etwa zum halbflüggen Zustand des ABC-Schützen, abgeleistet hat. Er ist keiner selbständigen Verrichtung fähig, die in diesem zarten Alter doch bereits unabweisbar vonnöten ist, wie Nahrungsaufnahme, Reinigung, Wickeln und so weiter. Erste Zähnchen zeigen sich gerade im Ansatz, erste Zeichen des deutlichen Erkennens von Personen werden sichtbar, die Fortbewegung besteht bestenfalls aus unkoordinierten Kriechversuchen, und nur lallende Laute zeigen die Funktion des Sprachorgans an, das dermaleinst, wenn alles gut geht, das hervorragendste Unterscheidungsmerkmal zwischen Mensch und Tier bedeuten wird. Bis zum Erkennen der eigenen Identität wird noch mehr als ein ganzes Jahr vergehen, ebenso zur eigenständigen Fortbewegung durch einigermaßen sicheres Gehen wenigstens in gesicherten Räumen. Unbeaufsichtigte Freisetzung in der Außenwelt bedeutet auch dann noch akute Lebensgefahr.

Es ist viel geschrieben worden, besonders in den letzten Jahrzehnten der Kinderpsychologie, über die elementare Bedeutung einer ständigen Bezugsperson für das Kind, den werdenden Menschen. Die Meinungen darüber gehen auseinander, zu welchem Zeitpunkt diese Bedeutung allmählich abnimmt und irgendwann etwa ganz verschwindet. Aber die Flut an diesbezüglichen Veröffentlichungen beweist ein verbreitetes Gefühl des Mangels, der sich hier aufgrund der sozialen Entwicklungen, insbesondere des Einsatzes auch der verheirateten Frau und Mutter im Erwerbsleben, aufgetan hat. In der Regel – mit bemerkenswerten Ausnahmen – wird als Diskussionsgrundlage hingenommen, daß dieser Mangel nun einmal da ist, und auf anderweitige Abhilfe gesetzt; wenn eine Oma nicht zur Verfügung steht, wird, wie man sich angewöhnt hat, nach Staat und Gesellschaft gerufen. Wir sind wieder am Eingang dieses Buches, wo wir feststellten, daß in der allgemein gewordenen Anschauung die Selbstverwirklichung der Frau in Gestalt des Einkommenserwerbs durch bezahlte Arbeit Vorrang vor allen übrigen Interessen hat, ausdrücklich auch vor dem vitalen Anspruch des eigenen Kindes auf Identifikationsmöglichkeit und Nestwärme sowie, in der Konsequenz, auf jene reale Chance zur Menschwerdung, die an diese Voraussetzungen untrennbar geknüpft ist.

Wenn wir eine nicht repräsentative Minderzahl an Gestaltungsmöglichkeiten beruflicher Selbstverwirklichung der Frau, die einen solchen Namen wirklich verdient – etwa die Chefärztin, die Stararchitektin, die Staatsanwältin, die erfolgreiche Künstlerin oder Modistin –, einmal unberücksichtigt lassen, so muß man sich schon über die Einmütigkeit verwundern, mit der weibliche Persönlichkeitsentfaltung an der Supermarktkasse, dem Montagefließband, dem Schreibbüro, dem Personalcomputer oder dem Fahrkartenschalter als selbstverständliches Ergebnis vorausgesetzt wird, dem vor der Führung eines Haushalts und der Betreuung eines Sohnes von sechs und einer Tochter von vier Jahren durchaus Vorrang gebühre. Einleuchtender wird dieses von Parteien, Gewerkschaften und Medien jahrein, jahraus verbreitete Emanzipationsbild schon, wenn man den Seitenblick auf die von der abgehetzten Frau erwirtschafteten Sozialabführungen, Gewerkschaftsbeiträge und Steuern ins Auge faßt; vor allem aber die möglichst frühzeitige Entfremdung der Kinder und Jugendlichen von elterlicher Autorität – antiautoritäre Erziehung gedeiht am besten in Abwesenheit von Eltern – und das so erreichte politische Ziel einer sich dem Familienverband entfremdet fühlenden, neurotischen, manipulierbaren Jungwählermasse.

Wie wir sahen, haben wir es bei dem Gaukelbild weiblicher Selbstverwirklichung im Beruf, der in seiner ganz überwiegenden Mehrzahl der Fälle von Fremdbestimmung und Monotonie geprägt ist – beim Mann übrigens nicht weniger als bei der Frau –, mit einem jener Ruinenfelder zu tun, die eine in der Grundströmung einheitlich ausgerichtete, nur äußerlich vielstimmig auftretende veröffentlichte Meinung und die Interessenlage politischer Massenorganisationen angerichtet haben. Erhellendes Licht auf diesen Zusammenhang wirft ein Buch mit dem Titel *Der Kampf um die Arbeitsfreude,* erschienen 1927 im Diederichs-Verlag, Jena. Verfasser war der in den fünfziger Jahren verstorbene belgische Politiker und Schriftsteller Hendrik de Man, eine Persönlichkeit von phänomenaler Universalbildung und im übrigen einer jener Sozialdemokraten, wie sie unsere erste Jahrhunderthälfte noch hervorzubringen vermochte: human, brillant, visionär und keineswegs ohne aristokratische Haltung. Sein Buch befaßte sich nicht etwa mit der Eignung des modernen Arbeitsplatzes in Büros und Fabriken zur Persönlichkeitsentfaltung – das besagt schon sein Titel – , auch nicht aus der Sicht der granatendrehenden Fabrikfrau aus dem Ersten Weltkrieg. Vielmehr war sein Thema die tayloristische Arbeitsteilung der modernen Betriebsabläufe und die von ihr bewirkte Sinnentleerung unzähliger atomisierter Funktionen sowie die seelische Entwurzelung und emotionale Ausmergelung ihrer Träger, der Arbeiter und der Arbeiterinnen – unter ausdrücklicher Einbeziehung auch der Bürobereiche, der namenlosen Schar der kaufmännischen und Verwaltungsangestellten.

Wenn wir heute typische Arbeitsstätten quer durch die Wirtschaft besichtigen, so sehen wir freilich: weniger Arbeitsstunden, mehr Pausen, Freizeit und Urlaub, mehr Licht und Hygiene, modernere und leisere Maschinen; dies alles aber ist merkwürdigerweise verbunden mit viel höheren Krankheitsausfällen als ehemals, mit Sorgen um das Mithalten-Können, Konkurrenzneurosen, psychischen Überlastungserscheinungen insbesondere bei doppelbelasteten Frauen und nicht zuletzt – mit vielfältigen Mitteln kaschiert – mit Alkohol.

Der Mann ist von Tradition der Beschaffer, die Frau die Bewahrerin und Mehrerin durch ›innere Wirtschaftlichkeit‹. Die Führung eines Haushalts mit Kindern ist mitnichten eine Angelegenheit von 35 Stunden je Woche; ihre qualifizierte Erledigung weckt und fordert eine so vielfältige Intelligenz und technische Umsicht – bei weitgehender persönlicher Einteilungsfreiheit, wohlgemerkt –, daß es als Rätsel ersten Ranges gelten muß, wenn Politik und Medien Hand in Hand allen lieben Durchschnittsmädeln der Nation unablässig die ›Karriere‹ empfehlen, idealerweise natürlich ohne Einschränkung der Gebärfreudigkeit (wegen der Renten). Für die Lösung dieser Quadratur des Kreises werden die erdenklichsten Wahlkampfversprechen, Modellentwürfe und Psychologiehilfen angeboten; die finanziellen Anforderungen aber gleichzeitig zwischen Bund, Ländern und Gemeinden gleich einem schwarzen Peter hin und her geschoben.

Was also wirklich geschieht, ist wenig, nur eines: die durch lebenslange Manipulation und Infiltration einem unlösbaren Zielkonflikt ausgelieferte Frau mit Doppelbelastung, die auch partout nicht weichen will, als Institution zu zementieren. Ohne sie würden in der Tat weite Teile des Wirtschaftslebens heute zusammenbrechen. Wirklich? Wir werden diesen Gesichtspunkt im Hinblick auf demnächst fünf Millionen Arbeitslose in Deutschland später noch zu durchleuchten haben.

Hier sei nur das Phänomen festgestellt, daß in einer Welt, deren wirtschaftliche Grundlage die Arbeitsteilung und Spezialisierung ist, ausgerechnet in deren kleinster Zelle, der Familie, dieses Prinzip aufgehoben sein soll. Vielmehr wird hier als ideal angepriesen, wenn beide Elternteile sich an fremdbestimmten Erwerbsplätzen weitgehend verbrauchen, dann zu den notwendigen Einkäufen hetzen, ab 18 Uhr in fliegender Eile einige Hausarbeiten erledigen, um sich schließlich entnervt dem im Durchschnitt vierstündigen Fernsehkonsum je Abend hinzugeben. Da die gähnend langen Wochenenden auf der Autobahn zugebracht werden, um auch dann vor sich selbst und seiner Familie fliehen zu können, ist das sogenannte moderne Familienleben in seiner durchschnittlichen Ausprägung somit abgesteckt.

Wir gebrauchten vorhin den Ausdruck ›Karriere‹, jene, die Fräulein Müller unter allen Umständen anempfohlen wird zum eigenen Wohl und dem des Ganzen – was immer dahinter stehen möge. Damit klingt ein Motiv aus dem 6. Kapitel erstmals an, der Begriffsverwirrung, der zweckvollen Entwertung überkommener Begriffe zu Worthülsen. Was ist das für ein buntschillernd anspruchsvolles Ding, diese Karriere, die auf Abermillionen junger Mädchen und Frauen wartet, wenn sie nur zugreifen mögen – auch das unnützeste Universitätsstudium, pflegeleicht serviert, kostet ja außer Lebensjahren nichts weiter, wie viele meinen. Es ist nicht lange her, da hatte der Begriff ›Karriere‹, wie andere auch, eine fest umrissene und unzweifelhafte Bedeutung. Beispiel für eine Karriere waren in der Politik Bismarck und Stresemann, im Verlagswesen Samuel Fischer und Axel Springer, in der Musik Enrico Caruso und Wilhelm Furtwängler, in der Medizin Virchow und Sauerbruch, in den Naturwissenschaften Marie Curie und Adolf Butenandt. ›Er‹ oder ›Sie‹ machen Karriere – das bedeutete öffentliche Auszeichnung und Presseberichte über außergewöhnliches Gelingen im Fach oder Verdienst um die Allgemeinheit. Heute, wie wir wissen, ist Karriere, gewissermaßen mit Gleichheitszeichen, die allgemein geltende Alternative zum Beruf der Hausfrau, Mutter und Erzieherin der eigenen Kinder. Es ist der Weg der EDV-Programmiererin und Millionen anderer Frauen im wirtschaftlichen Wertschöpfungsprozeß, somit aber eine Bereicherung des modernen Worthülsenarsenals von besonders heimtückischer Tiefenwirkung.

Um kein Mißverständnis aufkommen zu lassen: Das Erlebnis der aufgeschlossenen, intelligenten, selbstbewußten Frau im Berufsmilieu, auch der mit dezidiertem Karrierebewußtsein aus Qualifikation und Leistungsbereitschaft, kann oft herzerfrischend sein und allen ehrlichen Zuspruchs wert. Die sinngemäße Abrundung einer solchen ansehnlichen, weil auch geistig gereiften Persönlichkeit wird aber – so lautet die eherne Forderung – der bewußte Verzicht auf beiläufiges Mutterglück sein müssen – Quellen der Lebenserfüllung sprudeln auch außer diesem. Denn: Die Auferziehung von Kindern und die Organisation und Harmonisierung der Familie ist kein Nebenjob, den man, unter Inanspruchnahme vieler Außenstehender, mit Mühe und Not nebenher auch noch erledigen kann: Es ist eine hochqualifizierte, vielseitige, aber auch entsagungsreiche Aufgabe auf Zeit, die den ganzen Menschen fordert, aber auch erfüllt.

Das Kind als werdendes Mitglied der Gesellschaft ist mit dieser bereits auf so vielfältige Art in Kausalbeziehungen verwoben – auf Gedeih und Verderb, könnte man sagen –, daß die soeben unternommene Exkursion in benachbarte gesellschaftskundliche Gebiete unumgänglich war, um uns an den Kern der Probleme um das Kind heranzuarbeiten. Wir wollen daher den Faden beim Kleinkind wieder aufnehmen und uns einem weiteren zentralen Bereich kindlicher Entwicklung nähern: dem unentbehrlichen, nichtsdestoweniger immer mehr die Ausnahme bildenden Zusammenwirken von Elternhaus und Schule. Nicht daß hier eine festgelegte Art pädagogischer ›Arbeitsgemeinschaft‹ erstrebenswert schiene – beide Sphären sollten in weitgehender Unabhängigkeit und konstruktiver Abgrenzung voneinander wirken. Hierbei ergeben sich typische, natürliche Überlappungsfelder beider Institutionen, die sich durchaus segensreich auswirken können, wie Elternkonferenzen oder die regelmäßige Beaufsichtigung von Hausarbeiten durch ein oder beide Elternteile. Oberstes Gebot aber ist eine gemeinsame erzieherische Grundausrichtung von Elternhaus und Schule, eine in den Grundsätzen übereinstimmende pädagogische ›Philosophie‹, deren Vorrang auch die amtliche Richtlinienkompetenz zu entsprechen hätte. Gerade in dieser Hinsicht aber ist, nach unzähligen, großenteils ebenso überflüssigen wie verantwortungslosen ›Reformen‹ und Experimenten auf Kosten ganzer wehrloser Schülergenerationen, ›verantwortet‹ durch profilierungssüchtige, ideologisch bornierte Kultusbeamte, der umfassende Bankrott eingetreten. Elterliche Protestbewegungen und verzweifelte Unterschriftensammlungen, vor allem in Hessen und Nordrhein-Westfalen sowie den nördlichen Stadtstaaten, vermochten in aller Regel nichts Nachhaltiges gegen die amtliche sozialistische Kulturpolitik auszurichten.

Wenn vorhin von der Nestwärme des Elternhauses gesprochen wurde, die das Kind zu seinem seelischen und geistigen Gedeihen benötigt, so ist zu ergänzen, daß die Schule hier einen kaum geringeren Raum einnimmt, sozusagen als die ›Außenstelle‹ des Elternhauses, das Bindeglied zur Außenwelt, in die das Kind allmählich eingeführt werden soll. So haben viele frühere Generationen die Schule und die Schulzeit erlebt, bespöttelt zwar, aber in Wahrheit geliebt, und vielfach bis ins Alter mit sich getragen. Wohin sind wir, wohin ist unsere Schuljugend nur geraten? So fragen wir uns voller Ratlosigkeit beim Anblick des heutigen Schulbetriebs in allen Stufen.

Da gibt es zum Beispiel jenen progressiven Kultusminister-Erlaß aus dem Jahre 1993 in Nordrhein-Westfalen, der für das dort gegen hinhaltenden, aber letztlich vergeblichen Widerstand der Eltern in vieljährigen Querelen endlich durchgesetzte Gesamtschulmodell die Hausaufgaben der Schüler abschafft. In dieser von den beamteten Sozialisten gehätschelten Schulform gibt es keine Klassenverbände mehr, wo sich die Schüler mit ihrem Klassenlehrer auf einige Jahre zu Hause fühlen könnten, mit der Nebenwirkung allerdings, daß die abgestuften Begabungen und Leistungen der Schüler sich im Laufe der Zeit deutlich herausschälen. Eine Eignungsprüfung für die jeweils höhere Stufe bis zur ›gymnasialen‹ ist ja aus Gleichheitsgründen verpönt und daher ebenfalls abgeschafft, so daß zunächst einmal jeder hineinkommt. Die Folge ist ein von Schuljahr zu Schuljahr immer unerträglicheres Auseinanderklaffen der Schülerleistungen innerhalb der verschiedenen ›Kurse‹, weshalb auch weitere altmodische Einrichtungen wie Zensuren und Klassenwiederholungen abzuschaffen waren. Das System dient, im Namen einer sogenannten Chancengleichheit, vorsätzlich der Leistungsnivellierung und geht eindeutig und gewollt auf Kosten der Hochbegabten, denn ›Elitebildung‹ ist ja verpönt. Diese langweilen sich beim quälenden Fortgang der einzelnen Kurse von Stunde zu Stunde, während das Gros größte Mühe hat, die überbordende Vielfalt moderner Wissensstoffe, die meist nur oberflächlich ›angerissen‹ werden, zu begreifen. Unausgefüllte Stunden ohne ›Kurs‹ werden in der Kantine, zum Rauchen auf dem Hof oder in der Drogenecke verbracht. Der Tageslauf des Kindes und des Heranwachsenden ist damit, im Sinne verbrauchter Stunden, ausgefüllt, wodurch beiden Eltern ermöglicht wird, dem Erwerbs-und Selbstverwirklichungsprozeß uneingeschränkt zur Verfügung zu stehen.

Hier nun blieb noch ein elitäres Überbleibsel zur Ausmerzung übrig: die Hausaufgaben, Zielscheibe und Opfer des erwähnten Kultusminister-Erlasses. Nach Definition der Düsseldorfer Schulbehörde fördern diese eine unerwünschte Elitebildung, denn: da die weniger begüterten Eltern beide im Erwerbsprozeß stehen, können sie Hausaufgaben nicht beaufsichtigen, da des Abends ›Fernsehzeit‹ angesagt ist; im Gegensatz zu ›Besserverdienenden‹ und gar richtig Begüterten, bei denen sich ein Elternteil mit Sicherheit um die Hausaufgaben der Kinder kümmern kann und wird. Damit aber ist das zwar völlig imaginäre, aber so recht sozialistische Prinzip der Chancengleichheit verletzt, also: Hausaufgaben sind für alle abgeschafft; überdies ist der Gesamtschüler ohnehin während der meisten Zeit des Tages, entsprechend der Konzeption der Gesamtschule, außer Hause, (wenn auch keineswegs durchgehend produktiv beschäftigt). Das hier Geschilderte ist kein Zerrbild der Phantasie, sondern bildungspolitische Wirklichkeit im bevölkerungsreichsten Bundesland.

Was die Sozialisten in ihrem neiderfüllten Haß auf ›Eliten‹ offenbar vergessen haben, ist, daß hochbegabte Schüler angesichts der gebotenen Unterrichtsqualität der Hausaufgaben entraten können, ohne den Anschluß zu verlieren. Die Leistungselite von etwa 3 bis 5 Prozent der Gesamtbevölkerung, die vor dem Krieg ausschließlich zur Universität gingen, bleibt uns, unabhängig von den jeweils praktizierten Schulmodellen, dank ihrer Unverwüstlichkeit erhalten. Sie ist zahlenmäßig im Verhältnis zur Gesamtbevölkerung ziemlich konstant; da hilft weder ein staatlich verordnetes Schmalspurabitur noch ein Gesamthochschulkonzept nach dem Schüttelprinzip – früher hätte man gesagt: Nürnberger Trichter.

In diesem Zusammenhang sei der spanische Philosoph Ortega y Gasset zitiert: »Wenn man jedermann die gleichen Lebenschancen bietet, ist unvermeidlich, daß die Schlechteren gewinnen, denn sie sind immer in der Mehrzahl. . . Wenn es eine Ungerechtigkeit ist, Gleiche ungleich zu behandeln, so ist es eine mindest ebensogroße Ungerechtigkeit, Ungleiche gleich zu behandeln. Es gibt schon zu viele Menschen ohne Selbstachtung bei uns, und dies fast stets aus gutem Grund; diese aber sind die lautesten Rufer nach Dekretierung der Gleichheit aller. Die Gleichheit vor dem Gesetz ist ihnen nicht genug – sie fordern Gleichheit der Begabung, der Sensibilität, des Charakters; das sind ihre Ressentiments, die sich heute in aller Öffentlichkeit in unseren Institutionen austoben dürfen. . . Man täte der Demokratie, als einem zweifellos optimalen politischen Ordnungssystem, einen schlechten Dienst, wenn man dessen korrekten Gleichheitsansatz, nämlich den vor dem Gesetz, auf alle übrigen Gebiete menschlichen Lebens übertragen wollte, wo er absolut nichts zu suchen hat, wo er nur nivellierend wirken kann. Gerade die Unterschiede, die soziale Rangordnung, die Differenzierungen in der menschlichen Gesellschaft sind kulturelle Werte an sich, die durch das falsch angewandte Prinzip demokratischer Gleichheit vor die Hunde zu gehen drohen.«

Man sieht: Das Kind wie der Heranwachsende sind heute vielfach allein gelassen. Zurecht fühlen sie sich vernachlässigt und unverstanden, und infolgedessen sind sie schwierig, depressiv und aggressiv, überdies durch und durch von einer außengesteuerten Anspruchsmentalität beherrscht, nicht selten verbunden mit erschrekkender Rücksichtslosigkeit. Keine Ansammlung noch so kostspieligen und zugleich kontraproduktiv wirkenden elektronischen Video-Schnickschnacks unter dem Weihnachtsbaum kann den jungen Aufsässigen versöhnen, denn in ihm offenbart sich das uneingestandene Schuldbekenntnis einer Elterngeneration, die vielleicht ihrerseits bereits von den Vorläufern der heute grassierenden emotionalen Entzugserscheinungen geprägt wurde. Diesem Jugendlichen wurde das Wesentliche, was ihm in seinen wenigen prägsamen Wachstumsjahren von Rechts wegen zugestanden hätte, vorenthalten. Liebe und Zuwendung können viele Eltern, selbst bereits in ihrer Jugend verarmt, nicht mehr vermitteln. Nicht vorbildhafte Eltern, sondern der Ortsverein, die Gewerkschaft, immer öfter aber auch der Dealer warten am Schultor; und die nächste Wahl, die Stunde der Achtzehnjährigen, kommt bestimmt. So und nicht anders sieht die Wahrheit aus. Wer sie nicht sehen will, verschreibt sich und andere einer tragischen Lebenslüge.

Erosion der Bindungen

Wir haben die Stellung des Menschen – Mann, Frau und Kind – im Kraftfeld aktueller gesellschaftlicher Strömungen von verschiedenen Seiten beleuchtet und wollen diesem Kapitel nun noch eine Betrachtung widmen, die auch informelle Bande jenseits von Elternhaus, Familie und Schule, die den Einzelnen mit der Gesamtheit aller übrigen verbinden, in den Blick rückt. Hierzu gehören im weiteren gesellschaftlichen Umfeld etwa die Arbeitswelt, sodann die Religion, verkörpert in der Kirche, in weitestem Sinn schließlich das Land und Volk, in das man hineingeboren wurde; aus gewisser Sicht kann sogar die Menschheit im Ganzen dazu gerechnet werden. In dieser letztgenannten Beziehung ist eine besondere Rolle sicherlich den schönen Künsten vorbehalten, insbesondere der Musik mir ihrer die Sprach- und Rassengrenzen überbrückenden Botschaft, die von allen verstanden wird.

In diesem Sinne ist die *Kunst der Fuge* von Johann Sebastian Bach – nicht durch Wollen oder Wissen des Komponisten, sondern kraft der tatsächlichen Wirkung ihrer Botschaft – sicherlich an einen unbeschränkten Kreis von Menschen in der ganzen Welt gerichtet; die *Neunte Symphonie* Beethovens sogar ausdrücklich an ›alle Menschen‹, die nach dem Schillerschen Wort Brüder werden sollten.

Schiller sprach in seiner *Ode an die Freude,* die Beethoven in seinem Menschheitswerk vertont hat, von Brüdern, und nicht von Schwestern. Vielleicht sei darum an dieser Stelle die »Anmerkung für Esel« – frei nach Nietzsche – angebracht, daß Schiller, ebenso wie Beethoven, die Schwestern natürlich mitmeinte. Ein unsterblicher Ausspruch ist von Winston Churchill anläßlich einer Unterhausdebatte überliefert, die ein alle Engländer (all men in our country) konkret betreffendes Thema behandelte. Ein Hinterbänkler rief dazwischen: Und was ist mit den Frauen? Worauf Churchill, wie aus der Pistole geschossen, zurückgab: Men embrace women, was ein homerisches Gelächter im Parlament auslöste. (Der Doppelsinn lautete: Männer bzw. Menschen schließen Frauen mit ein – oder aber: Männer umarmen die Frauen.)

Scherz beiseite – wichtig ist an dieser Stelle die aus zahlreichen historischen Quellen verbürgte Erinnerung, daß in den unmittelbar vor oder nach unserer Zeitrechnung liegenden etwa zweitausend Jahren hinsichtlich der gesellschaftlichen Bewertung und Stellung der Frau im Rahmen der jeweiligen politischen oder Stammesverfassungen ein, wie wir heute sagen würden, deutliches Nord-Süd-Gefälle bestanden hat.

Der mittelmeerische Kulturkreis, einschließlich seines jüdischen und später des christlichen sowie islamischen Elements, wies der Frau, ungeachtet ihrer vielgestaltigen religiösen und dichterischen Verklärung, im praktischen Leben eine in sozialer Hinsicht dem Mann grundsätzlich untergeordnete Stellung zu; in der Regel innerhalb zahlreicher, vom Familienrecht klar umschriebener Schutzzonen und auch bestimmter Vorrechte. Diesen Sachverhalt in der historischen Rückschau einfach als finstere Repression abzuwerten wäre allerdings ebenso voreilig wie oberflächlich. Um ihm im Sinne einer halbwegs sachlichen Beurteilung gerecht werden zu können, wären zahlreiche Faktoren klimatischer, völkerpsychologischer und natürlich religiöser Natur heranzuziehen und zu den ungesicherten Bedingungen menschlicher Existenz in jenen Epochen in gebührenden Bezug zu setzen. Sicherlich würde ein solcher Versuch den Rahmen dieses Buches sprengen.

Sich dieser wissenschaftlichen Mühe zu unterziehen ist freilich meist auch unter der Würde unserer FeministInnen, könnte doch im Zuge einer solchen intellektuellen Anstrengung ihr selbstgezimmertes Weltbild, von dem immerhin nichts weniger als ihre Existenz abhängt, ins Wanken geraten. Aus eben diesem Grunde ist der mühsame Erwerb eines halbwegs fundierten Kernwissens von den entscheidenden Fragen und Zusammenhängen um die conditio humana in jenen Kreisen – wie sagt man doch? – mega-out. Richtig ist dagegen, daß im Kreise der germanischen Völker Nordeuropas, lange vor Völkerwanderung und Christianisierung, die Frau eine uneingeschränkt gleichwertige Stellung im Stammesleben wie im engeren Sippen- und Familienverband eingenommen hat. »Nicht das Geschlecht entschied hier, was jemand ist, darf oder kann, sondern die jeweils bessere Eignung, die bessere Einsicht, das sittliche Gewicht der Persönlichkeit, sei es Mann oder Frau.« (Sigrid Hunke)

Wie in der gleichzeitigen Verfassung Roms die Vestalin das heilige Feuer zu hüten hatte, im antiken Griechenland Pythia und Kassandra ihrem Volke die Zukunft weissagten, so galten die heiligen Nornen den Germanen als der Born des Wissens um das Schicksal der Welt. Wie die *Edda*-Dichtung uns erzählt, gab ihr höchster Gott Odin – bei den Südgermanen, den späteren Deutschen, als Wotan bekannt – ein Auge dahin, damit Mimir ihm aus dem heiligen Brunnen das tiefste Weltwissen zuflüstere; den Faden des Schicksals aller Menschen aber spannen Urd, Skuld und Werdandi, die Nornen.

Eine ebenso zentrale gesellschaftliche Rolle hat die Frau offenbar auch bei den Kelten und ihrem westlichen Zweig, den Galliern, eingenommen, wobei die Quellen authentischer Überlieferung hier noch spärlicher fließen als bei den Germanen, denen immerhin der römische Historiker Tacitus ihr bedeutendstes literarisches Denkmal in der *Germania* gesetzt hat. Der römische Geschichtsschreiber Ammianus Marcellinus (330–395) berichtet seinerseits, wie die gallische Frau ihrem Mann überallhin, sogar auf das Schlachtfeld, folgt: »Zieht ein Kelte (oder Gallier) in den Krieg zusammen mit seiner

Frau, die noch mehr Mut und hellere Augen hat, so vermag kaum ein Gegner, ihm standzuhalten.«

In diesem Zusammenhang erweist sich abermals die sich über jeden Zweifel erhaben dünkende Unwissenheit der maßgeblichen feministischen Leitfiguren hierzulande; nicht allein hinsichtlich der vorgeschichtlich-mythischen Sachzusammenhänge, sondern auch ihrer jedem Philologen geläufigen etymologischen Wurzeln. Wir zitieren hier nochmals die Orientalistin, Religionshistorikerin und Psychologin Sigrid Hunke, die durch eine Reihe bemerkenswerter einschlägiger Veröffentlichungen hervorgetreten ist. Unter dem Titel *Man meint Mann und Frau. Zu einem feministischen Irrtum* schrieb sie 1993 folgendes: »Um ihre weibliche Gleichstellung mit den Männern zu dokumentieren, setzten die Feministinnen auch in der Sprache eine revolutionäre Umorientierung in Gang, indem sie dem unbestimmten Pronomen ›man‹ ein ›frau‹ zuordneten: so wenn beispielsweise auf Mephistos Wort ›man glaubt zu schieben, und frau wird geschoben‹ die Antwort kommt: ›frau merkt die Absicht, und frau ist verstimmt‹... Sie ahnen nicht einmal, daß sie als Urheberinnen dieser Sprachrevolution einem ebenso winzigen wie witzigen Irrtum aufgesessen sind... Die Nachkommen des göttlichen *Mannus*, des Stammvaters aller Germanen, tragen diesen Namen im germanischen Hauptwort ›man‹ = Mann, das *beide* Geschlechter bezeichnete (wie bekanntlich noch heute im Englischen) und sich in dieser Bedeutung in den unbestimmten Pronomen ›jemand‹ oder ›niemand‹ bis heute erhalten hat. Durch das germanische Eigenschaftswort ›manesco‹ ist der Bedeutungsgehalt von ›man‹ in das ja ebenfalls beide Geschlechter bezeichnende Wort ›Mensch‹ eingegangen.«

Die Autorin geht dann auf die fränkische Provinzialsynode von Mâcon im sechsten Jahrhundert ein, wo allerdings christliche Bischöfe über die Frage streiten konnten, ob ›man‹ der Frau überhaupt die Bezeichnung ›homo‹ zuerkennen dürfe, ja, ob sie denn eine Seele habe. In diesem Zusammenhang zitiert sie dann den deutschen Mystiker Meister Eckehard, wie dieser gegen die römische Lehre und die darin enthaltene Minderbewertung der Frau aufbegehrt: »Das Wort ›Mensch‹ nehmen wir für Frauen und für Männer, aber die Welschen wollen es den Frauen nicht lassen. Denn jeder Mensch hat in sich jenes Etwas, das von göttlicher Sippe und mit Gott eins ist, und nicht vereint.«

»Eines Tages«, schrieb vor neunzig Jahren Rilke, »wird die Frau da sein, deren Name nicht mehr nur einen Gegensatz zum Männlichen bedeutet, sondern etwas für sich, wobei man keine Ergänzung und Grenze denkt, nur an Leben und Dasein – der weibliche Mensch. Und die große Erneuerung der Welt wird vielleicht darin bestehen, daß Mann und Frau sich, befreit von allen Irrgefühlen und Unlüsten, nicht als Gegensätze suchen werden, sondern sich zusammentun werden als Menschen.« Man kann das auch wie Heraklit ausdrücken, den wir am Eingang des 4. Kapitels zitieren: Harmonie der Gegensätze, wie Bogen und Leier.

Erst im Zuge der Christianisierung im frühen Mittelalter erfährt die formale Rechtsstellung der Frau auch im germanisch-keltischen Raum allmählich jene kennzeichnenden Einschränkungen, wie wir sie in extremer Form am Beispiel der Synode von Mâcon beobachteten. In Deutschland regelten sie später in Gestalt der ›Munt‹, das heißt der hausherrlichen Gewalt über Ehefrau und Kinder, die familiären Rechtsbeziehungen. Wir berührten diesen Gesichtspunkt schon im einleitenden Kapitel im Zusammenhang mit der Entwicklung des Begriffs der Emanzipation. Im übrigen aber sollte man nicht übersehen, daß die patriarchale Rechtsordnung im mittelalterlichen Deutschland einen eindeutigen Rückgriff auf das altrömische, das heißt auch vorchristliche Familienrecht darstellte. Man sollte also in bezug auf die grundlegend unterschiedliche Rechtsstellung der Frau, unter Hintanstellung der sicherlich einflußreichen religiösen Bezüge, die ›Gegenwelten‹ des mittelmeerischen und des nordischen Völkerraumes innerhalb Europas im Blickfeld behalten.

Wenden wir den Blick zurück auf die vorgeschichtliche Alltagswelt und ihre zwischenmenschlichen Beziehungen, Loyalitäten und Abneigungen, so sehen wir kleine, oft unmerkliche Schritte vom Steinzeitmenschen in seiner Horde, dem schon vorgebildeten arbeitsteiligen Familientyp des Crô-Magnon-Menschen innerhalb von Stammesverbänden, bis in die biblische Zeit, in der allerdings schon in allen höheren Kulturkreisen ein festgefügtes, in der Regel patriarchalisch geprägtes Familienprinzip verwirklicht war. Dies entsprach dem religiösen Weltbild nicht nur der Juden des Alten Testaments mit ihren in den Königen David und Salomo verkörperten Symbolgestalten, sondern auch lange vorangegangenen Vorbildern wie dem alten Ägypten und später Babylon. Auch der im siebten Jahrhundert auftretende Islam sollte aus der biblischen Überlieferung, einschließlich der Gestalt Jesu Christi, schöpfen.

Gerade unter diesem Gesichtspunkt aber ist es von besonderem Interesse, die durchaus gleichberechtigte Stellung zu beobachten, die der Frau noch im deutschen Hochmittelalter, der Zeit der Ottonen und Salier, um die Jahrtausendwende, vor allem im Adel bis hinauf in das Königtum zukam. Hieran erinnert der Kulturhistoriker Werner G. Haverbeck: »Heinrich I. zur Seite stand Mathilde, eine Urenkelin Wittekinds. In menschlicher Bedeutung ihrem königlichen Gatten durchaus ebenbürtig, widmete sie sich der Erziehung des weiblichen Adels durch hierfür eingerichtete Stifte und Klosterschulen. Sie begründete die Stellung der Königin als consors regni, mithin als Teilhaberin der Herrschaft, die zumindest bei den sächsischen und salischen Königen und Kaisern aufrecht erhalten wurde. Die Königin hatte nicht nur freie Hand bei der Begründung solcher Klöster, sondern auch ein allgemeines Mitspracherecht bei wichtigen Entscheidungen, das sie besonders dazu nutzte, bei Zwistigkeiten mildernd oder versöhnend einzugreifen.

Diese Partnerschaft ist ein bemerkenswertes Zeugnis für die Stellung der Frau im deutschen Mittelalter. Die männlich-weibliche Polarität löste die einseitig männlich bestimmte Herrschaftspraxis und -form der Cäsaren im Imperium wie im Klerus ab und bezog die Frau in das Denken und Handeln für das Volk mit ein. Im verwandten angelsächsischen Bereich erhielt die Frau die Kennzeichnung als ›Freodowebbe‹, die Friedwerberin.

Die Stellung der Königin und Kaiserin im deutschen Staatswesen war für das karolingische und später auch das Deutsche Reich geregelt durch die Palastordnung, die ihr als der Gebieterin in der Pfalz eine eigene und nicht unbedeutende Einwirkung auf Menschen und Zustände ermöglichte. Diese Palastordnung zeigt, daß der Königin nach der alten Vorstellung durchaus ein eigenes Gebiet und eine eigene Form zugedacht war, um ihre Majestät darzustellen und auszuwirken. Von Adelheid, der ersten deutschen Kaiserin, teilt Bischof Odilo mit: ›Sie besaß im Glauben eine zuversichtliche Festigkeit, in der Hoffnung eine unerschütterliche Zuversicht und in der Hinneigung zu Gott und dem Nächsten die Wurzel alles Guten und den Urquell aller Tugenden, die Liebe.‹

Die Tochter Adelheids, Mathilde, übernahm als Äbtissin von Quedlinburg während der Italienfahrt Otto III. die Reichsverweserschaft, die sie hervorragend erfüllte. Auch Kaiserin Kunigunde wurde die Führung des Reiches anvertraut für den durch einen Feldzug beanspruchten Gatten, Heinrich II. Sie befehligte das Heer, nachdem die Polen – die Abwesenheit des Kaisers nutzend – eine Grenzfestung erstürmt hatten. Vier Jahre später wird sie mit der Statthalterschaft in Sachsen und dem Oberbefehl über die Reichsverteidigung beauftragt. Der einzige Brief Kunigundes an Heinrich, der erhalten ist, kennzeichnet diese Partnerschaft: ›Du weißt, wie ich Dir so ergeben bin, daß ohne Deine liebe Gunst mir nichts schön und lieblich erscheint... Daher erscheint mir nichts süß und angenehm, wenn ich nicht Deine Meinung darüber kenne, aber es gibt auch nichts Schweres und Hartes, was ich nicht mit Deiner Gnade und Deinem Rate leicht überwinden könnte.‹

Kunigunde ist wohl in besonderem Maße die Aufgabe der Vermittlung zugefallen, wo Heinrichs trockene Härte Feindschaft gestiftet hätte. So wurde ein schwerer Bürgerkrieg interpellente imperatrice – durch die Interpellation der Kaiserin – verhindert.

Bemerkenswert ist auch die hohe geistige Bildung, die von den Frauen des Zeitalters der Sachsenkaiser bezeugt ist. Die Nichte Ottos des Großen, Gerberga, damals Äbtissin von Gandersheim, sprach Griechisch; Hruotsvita, bekannt als Roswitha von Gandersheim, empfing von ihr eine hohe Bildung, machte sich gründlichst mit antiker Literatur vertraut und konnte die von ihr verfaßten Legenden und Dramen auf Lateinisch schreiben. Sophia, Enkelin Ottos des Großen, war die erste deutsche Prinzessin mit einem griechischen Namen. Obwohl Stiftsdame, begleitete sie als einzige Frau ihren Bruder Otto III. im Krönungszuge, als er am Himmelfahrtstage 996 in Rom zum Kaiser gekrönt wurde. Das Stift Gandersheim wurde zur Pflegestätte freier hellenischer Geistigkeit und wirkte wie ein Nachklang der platonischen Akademie zu Athen.

Wenn auch nicht immer in der unmittelbaren Mitgestaltung der Politik, so doch auf den Gebieten kultureller und sozialer Art traten auch später Frauen hervor, wie Hildegard von Bingen oder die Landgräfin Elisabeth von Thüringen, die als Witwe, von der Wartburg vertrieben, die zu Thüringen gehörenden hessischen Gebiete loslöste und das noch heute selbständige Land Hessen begründete. Mehr noch aber bedeutete ihr soziales Wirken, das sie zur geistlichen Schwester ihres italienischen Zeitgenossen Franz von Assisi werden ließ, indem sie sich, um ein Vorbild zu schaffen, selbst der Pflege der Armen und Kranken in dem von ihr in Marburg eingerichteten Spital widmete. Den Antrag des Staufenkaisers Friedrich II., als kaiserliche Gemahlin an seine Seite zu treten, beschied sie abschlägig. Aufgrund ihrer Anregung, und ihrem Gedächtnis gewidmet, begründeten die Ritter vom Deutschen Hause, dem Deutschen Orden, als dieser durch den Herzog von Masowien 1226 das von den Polen an die Pruzzen verlorene Kulmer Land erhielt, um die Pruzzen zu bekämpfen, eine für die damalige Zeit erstaunliche Zahl von Spitälern im Sinne von Lambarene des Urwalddoktors Albert Schweitzer. Diese soziale Wirksamkeit ließ Elisabeth nach ihrem Tode für den europäischen Osten das werden, was die Inschrift ihres Marburger Grabsteins aussagt: Gloria Teutoniae, der Ruhm Deutschlands. . .

Diese insbesondere im Reich der Sachsenkaiser gelebte echte Partnerschaft, welche die beiden ihre jeweilige Eigenart auslebenden Pole des Menschseins in sich ergänzendem Tun verband, ist eben so untergegangen wie das Reich selbst. Was in unserer Zeit als ›Gleichberechtigung‹ erkämpft wurde und wird, ist dem Wesen nach eben deshalb frauenfeindlich, weil es das Anderssein der Frau und damit ihren Eigenwert mindert.«

Man mag nun den patriarchalen Familien- und Gesellschaftsentwurf, der die Grundlage der meisten historisch überlieferten Menschheitskulturen war und ist, beanstanden, wie es unsere FeministInnen tun; als ihr Hebel, mit dem sie bei ihrer Gesellschaftskritik wohl vorzugsweise ansetzen müssen. Dies kann indessen im Hinblick auf die vielfältig voneinander abweichenden Interessenlagen und Wissensstände nur private Ansichtssache bleiben. Die erwähnte Kritik muß indes ebenso ins Leere laufen wie eine solche, die zum Beispiel an der bipolaren Struktur des physikalischen Kosmos ansetzen wollte. Dem polar angelegten Gestaltungsprinzip der Natur als der Quelle alles Schöpferischen, wie es jeder Einzelmensch von seiner Geburt an erfahren und später hin in Gestalt mathematisch unterlegter Naturgesetze überprüfen kann, eine nachträgliche Mängelrüge anzuhängen, muß doch als eine äußerst dürftige Sichtweise erscheinen – um nicht zu sagen, als denkbarer Gipfel der Begriffsarmut. Wenn dann in einschlägigen Wochenblättern konsequenterweise zu lesen ist, die Vorstellung von Gott-Vater sei der Anfang allen Machismus gewesen, so beweist das nicht Originalität, sondern galoppierenden Infantilismus.

In den Niederungen der gesellschaftswissenschaftlichen Auseinandersetzungen geistert auch immer wieder einmal die Fiktion eines Matriarchats, das in ferner Vergangenheit – welcher, das weiß man nicht so genau – die wahre gesellschaftliche Konzeption, und natürlich die bessere, verwirklicht haben soll. Um so mehr sollte allerdings ihr spurloses Verschwinden Anlaß zum Nachdenken geben.

Die Theorie eines urzeitlichen Mutterrechts, von dem Schweizer Anthropologen und Rechtsgelehrten J. J. Bachofen in der Mitte des 19. Jahrhunderts eingeführt, hat sicherlich längere Zeit die Phantasie beflügelt und auch einige Spuren in der Soziologie und Psychologie bis hin zu Max Weber und Sigmund Freud hinterlassen. Bereits bei C. G. Jung verliert sich ihre Spur, wie sie auch von der neueren Geschichtsforschung, weil historisch unhaltbar, fallengelassen wurde. Es sei dies hier am Rande erwähnt, um nicht Raum für die Eröffnung weiterer Nebenschauplätze in unserer feministischen Bürgerkriegführung zu lassen.

Die durchgängige Geltung des patriarchalen Prinzips findet ohne jede Frage von alters her eine aus physiologischen wie auch psychologischen Tatbeständen im vitalen Kraftfeld zwischen Mann und Frau zu begründende Stütze. Hierbei ist ausnahmslos von der Voraussetzung auszugehen, daß als Folge der fragmentarischen und zudem stets gefährdeten Existenz des Menschen beide Geschlechter der gegenseitigen Ergänzung notwendig bedurften. Als weitere Bedingung galt die ebenso unumgängliche Einbettung des Familienverbands in das umgebende gesellschaftliche Milieu, sei es als Stammesverband, Religionsgemeinschaft oder Staatswesen. Als ergänzendes Element wirkte die geistliche Einsenkung des Menschen, des Mannes und der Frau in je eigener Weise, in die Verantwortlichkeit gegenüber ihrem Schöpfer, ihre Rückbindung (= religio) in das All; hinzu trat durch die christliche Lehre die Erlösungsbedürftigkeit des Menschen infolge des Sündenfalls, der Erbsünde.

Das klassische Anschauungsmaterial hierfür liefert das Alte Testament in der lebensvollen Beschreibung der Staatswerdung der Königreiche Israel und Juda nebst allen ihren zum Teil verwickelten religionsgeschichtlichen Voraussetzungen. Parallel dazu zeigen das alte Ägypten, die griechische Polis und die früheren Entwicklungsstufen des republikanischen Roms in dieser Hinsicht stets wiederkehrende Muster sowohl in den Grundanschauungen als auch in vielen lebenspraktischen und familienrechtlichen Lösungsansätzen. Eine bemerkenswerte Ausnahme hiervon in Richtung auf verwirklichte Gleichberechtigung und Gleichachtung der Frau machte, wie wir sahen, allein der keltisch-germanische Kulturkreis.

Zweieinhalb Jahrtausende liegen zwischen der patriarchalischen Urzeit des Alten Testaments, den Erzvätern Abraham, Isaak und Jakob, und der gesellschaftlichen Krise dieser Urkonzeption menschlichen Zusammenlebens in den westlichen Industriegesellschaften unseres Jahrhunderts. Diese Krise, zuerst in England entstanden und dann sich über Mitteleuropa und Nordamerika ausdehnend, entwickelte ihre wirkliche Dynamik erst vor nicht viel mehr als hundert Jahren; was sich in dieser Hinsicht bis zur Mitte des 19. Jahrhunderts ereignete, kann man bestenfalls als Vorläufer dieser Entwicklung bezeichnen. In ihrem Gefolge erst ist die soziale Frage in allerdings gebieterischer Form auf den Plan getreten. Der kausale Zusammenhang dieser Vorgänge in der noch immer vorwiegend agrarisch strukturierten ›Kernwelt‹ der Christenheit, der Entstehung eines lohnabhängigen, von Entwurzelung erfaßten Proletariats als viertem Stand, mit dem Eintritt der Krise des überlieferten patriarchalen Gesellschaftssystems liegt auf der Hand und ist unbestritten. Eine sorgfältige Nachzeichnung der zweitausendjährigen Evolutionsgeschichte des patriarchalen Entwurfs in allen seinen Anpassungsprozessen und funktionalen Bedingtheiten wäre wahrhaft der Mühe eines besonderen Standardwerks wert.

Im Zusammenhang unseres Themas wollen wir uns darauf beschränken, den tragenden ethischen Aspekt des Menschenbildes, das über diesem patriarchalen Entwurf auf uns gekommen ist, anzusprechen. Im Vordergrund steht hierbei der Gesichtspunkt der Loyalität und Verpflichtung des Einzelnen gegenüber seinen unmittelbaren Mitmenschen und der Gemeinschaft insgesamt. Aus europäischem Blickwinkel könnte man hier in grober Unterteilung drei Hauptperioden festlegen:

1. Die rein agrarische Frühzeit bis etwa zum Jahre 1200, dem frühen Mittelalter, bestimmt von weltlich-geistlicher Universalherrschaft, Kaiser- und Papsttum, dem Rittertum und frühen Phasen des Handwerks und

der Künste; die geistigen Auseinandersetzungen finden statt innerhalb der christlichen Theologie und den philosophischen Strömungen jener Zeit, die in der Scholastik gipfelten.

2. Das Hochmittelalter, gekennzeichnet von einer ausgebildeten ständischen Organisation der Gesellschaft – Adel, städtische Zünfte und Bauernstand – und einmündend in die großen geistigen Umwälzungen des kopernikanischen Weltbildes, von der Entdeckung Amerikas, der Reformation und der Gegenreformation, dem Humanismus und dem wissenschaftlichen Rationalismus, schließlich der Entstehung der europäischen Reiche: Vorgänge, die teilweise in das Spätmittelalter und die Renaissance hineinreichen.

3. Aufklärung und Neuzeit, also etwa die Periode vom frühen 17. Jahrhundert bis an die Schwelle der Industrialisierung im 19. Jahrhundert: die Zeit der Staatenwerdung, der vorläufigen Neuordnung Europas in der Folge des verwüstenden Dreißigjährigen Krieges, des in Blüte stehenden Feudalismus, der Hochblüte aller Künste bis hin zum deutschen Klassizismus und der Wissenschaften, der Entstehung des Bürgertums nebst weltumspannenden Handelsinteressen und Kolonialreichen, schließlich der Entfaltung der Geldwirtschaft. Die Französische Revolution leitete dann die Entstehung des vierten Standes ein, Vorläufer des späteren Industrieproletariats und der modernen Arbeiterklasse, parallel mit dem Aufkommen der weitgehend von ethnisch-sprachlicher Gemeinsamkeit bestimmten Nationalstaaten, in denen die früher geltenden Übergewichte der Dynastien und des religiösen Bekenntnisses allmählich zurücktraten.

Vergleicht man diese drei Zeitabschnitte, deren Abgrenzung nicht ganz ohne historische Willkür erfolgen konnte, miteinander, so fällt deren im Verlauf immer drastischere Verkürzung auf: ungefähr zwölfhundert Jahre für den ersten, vierhundert Jahre für den zweiten und zweihundert Jahre für den dritten Abschnitt. Die Zeitspanne von der Vollindustrialisierung bis zum Aufkommen des sogenannten tertiären Sektors, der Dienstleistungen und der Informatik, ist mit etwas mehr als einem halben Jahrhundert zu umreißen. Wir stellen demnach eine Tempobeschleunigung der kulturellen und gesellschaftlichen Entwicklungen fest, die, wie wir heute erkennen, dem geistigen Gesundheitszustand Europas nicht gut bekommen ist. Dies kann nicht wundernehmen, wenn man sich einmal vergegenwärtigt, was ein Zeitgenosse zu verkraften hatte, der, sagen wir einmal, im Jahre 1880 geboren wurde: die Entwicklung von Pferdebahn und Gasbeleuchtung zur Mondlandung und Genmanipulation; vom patriachalisch geprägten Familienverbund zu Hausbesetzung und Wohnkommune mitten in seiner Heimatstadt – sofern er nicht aus ihr vertrieben wurde. Markiert wurde eine solche Lebensspanne von den bisher größten Menschheitskatastrophen, den Weltkriegen Nr. 1 und Nr. 2 – Zäsuren von einer Gewaltsamkeit und kulturellen Vernichtungskraft, wie sie in diesem weltumspannenden Ausmaß noch keiner Generation zugemutet worden war. Sie erfüllten im Überfluß Nietzsches Prophetie vom Menschen, der aus dem Zentrum in das Nichts katapultiert wird.

Was wir heute begreifen müssen, ist die herkulische Aufgabe und Herausforderung, das unter postindustriellem Flugsand verschüttete Erbe des Humanismus und der Rationalität neu zu entdecken und für die Bedingungen des dritten Jahrtausends umzuschaffen. Dazu gehört zunächst, die unentbehrlichen geistigen und gesellschaftlichen Voraussetzungen zu erarbeiten – ein wahrhaft monumentales Vorhaben angesichts des seit Jahrzehnten grassierenden Verfalls. Vorbedingung für ein Gelingen ist die Wiederaufrichtung eines umfassenden, klaren und verzerrungsfreien Weltbildes in den

Köpfen der Menschen, angeleitet von einer schöpferischen Politik, die diesen Namen verdiente – eine demokratisch legitimierte Herrschaft der Besten nach einem Verfassungsentwurf, der vor den Anforderungen des 21. Jahrhunderts zu bestehen vermöchte. Vorläufig indessen geht unser Weg, scheinbar unaufhaltsam, in Gegenrichtung.

In die drei so unterschiedlich langen historischen Zeitabschnitte abendländischer Kulturentwicklung, wie wir sie sozusagen aus der Vogelschau betrachtet haben, ist die psychische Evolution des europäischen Menschen, als ihr Träger, mit seiner engeren und weiteren gesellschaftlichen Umwelt eingebettet. Wie wir sahen, bewegte sich der Europäer, als christlich geprägtes Kultursubjekt, im Verlauf eines ganzen Jahrtausends bis an die Schwelle des 20. Jahrhunderts in einem bemerkenswert stabilen gesellschaftlichen Rahmen, der sich über die Epochen hinweg immer wieder als erstaunlich anpassungsfähig auch an tiefgreifende Umbrüche und sich wandelnde Bedürfnisse erwiesen hat. Andererseits vermittelte er den Menschen in ihrem Dasein eine zuverlässige ethische Orientierung, die sich im Wandel der Zeiten in lebendig gewachsenen Ordnungen zwischenmenschlicher Bindungen und Verpflichtungen ausdrückte.

Diese Vorgänge sind stets langsam fließend vorzustellen, gekennzeichnet von Rückschlägen, Neuansätzen sowie zeitlichen und regionalen Überschneidungen aller Art. Man kann aber sagen, daß das erwähnte Bindungsgeflecht bis etwa zum Ausgang des 18. Jahrhunderts, bis zur Französischen Revolution, uneingeschränkt christlich-religiös begründet war. Dies bewies so bewegend noch ein Matthias Claudius in seinem *Wandsbekker Bothen* – man denke nur an den Brief an seinen Sohn Johannes aus dem Jahr 1799.

Ausgehend von der Französischen Revolution begann dann im 19. Jahrhundert das Erwachen des Nationalgedankens, des ethnischen Identitätsgefühls auch der als

›verspätet‹ bezeichneten Nationen, der griechischen, der deutschen und der italienischen zum Beispiel. Die Bindung an Staat und Volk, in die der Einzelne hineingeboren wurde, trat neben das religiöse Motiv, bis es dieses allmählich überlagerte und später, auch unter dem Anprall der sozialistischen Ideologie, teilweise unter sich begrub.

Gemeinsam war der religiösen wie der nationalen Bindung, und natürlich bei Beteiligung beider Motive, ein durch viele Generationen überlieferter und weitergebildeter Kanon von Pflichten – gegenüber dem Staat oder seiner Dynastie, der Kirche und der Gemeinde, der Familie: Eltern, Kinder, Mann und Weib. Die Bindekraft dieser Pflichten mochte nach außen hin veränderlich erscheinen – tatsächlich wirkte sie mit eherner Härte. Wollte sich jemand einer von ihnen entziehen, so schreckte er am Ende vor den Folgen zurück, mochten diese die staatlich-rechtliche, kirchliche, familiäre oder selbst freundschaftliche Sphäre berühren. Wenn es letztlich um das eigene Gewissen, die Unbescholtenheit, die Ehre ging, taten zwingende, gewissermaßen genetisch vorgegebene Verhaltensnormen fast immer ihre Wirkung. Sie entschieden, was der bedrängte Geist des Einzelnen in einer problematischen Lage nicht mehr zu entwirren vermochte. Auch ohne von Kants kategorischem Imperativ gehört oder ihn gar gelesen und verinnerlicht zu haben, genügte der Einzelne dem, was man in weitgefaßtem Sinne ›Konvention‹ nennen kann. Abgesehen von Grenzsituationen, die in jedem menschlichen Leben einmal aufzutreten pflegen, fiel dem Einzelnen die Erfüllung der Konventionen, als generationenaltem Erbgut, nicht schwer.

Es ist darum in jeder Hinsicht unangebracht, den hier eingeführten Begriff der Konvention abwertend zu gebrauchen. Er behauptet in jeder Hochkultur einen bedeutenden Rang, ist geradezu ihr lebendiger Ausdruck und zugleich der wichtigste gesellschaftliche Kitt, der den stets gefährdeten Überbau zusammenhält. Im übrigen steht er allerdings auch für jene Begriffe, in die in unserem zerfasernden kulturellen Bewußtsein buchstäblich jeder hineinlegen kann, was ihm gerade paßt. Auch er bietet sich als gefällige Worthülse an, deren begrifflichen Ursprung nur noch wenige verstehen. Die Konvention, einer Dame den Vortritt zu lassen oder ein gegebenes Versprechen zu halten, ist ein kulturelles Gut an sich, voller Anmut und Ausdruckskraft. Sie verleiht auch dem einfachen Menschen die selbstverständliche Würde des ›honnête homme‹ oder auch ›gentil homme‹, wie die Franzosen sagen, des ›gentleman‹ in der unnachahmlichen englischen Sprachschöpfung. Es ist nicht fortschrittlich, sondern deprimierend, heute festzustellen, daß der Gebrauch des entsprechenden deutschen Ausdrucks bei uns, wohl mangels Bedarfs, aus der Mode gekommen ist. Früher sagte man ›ein Herr‹ von jemandem, der angeborene und anerzogene Kultur ausstrahlte und eine innere Haltun, die Ansprüche zunächst an sich selbst stellte. Eine solche Einschätzung war völlig unabhängig davon, ob der Betreffende Generaldirektor, Buchhalter oder Schreinergeselle war. Man zog den Hut, wenn man ihm auf der Straße begegnete.

Wir haben also das überlieferte Gerüst von Bindungen, Verpflichtungen und Verhaltensnormen, vielleicht nicht ganz deckungsgleich, aber doch treffend genug, als Konvention definiert, als unverzichtbares Element kulturellen Ausdrucks und Bewußtseins. Wir bemerkten auch, daß sie dem Mitglied einer zivilisierten Gesellschaft, die auf eine Geschichte zurückblicken konnte, nicht als lästiger Zwang, sondern als zu bejahendes Ordnungsprinzip erschien, dem es sich von seiner Kinderstube an wie selbstverständlich unterwarf. Die Konvention schützte den Einzelnen, der sich ihren Bedingungen anpaßte, vor Gesichtsverlust und Scham, und, noch wichtiger, sie diente ihm als wichtigste Stütze seiner Selbstachtung.

Auch in den Künsten spiegelte sich immer der jeweilige Geist der Zeit, und hier galten ebenso die eigentümlichen Gesetze der Konvention, selbstredend im stetigen Wandel der Anschauungen. So sind die Perspektive in der Malerei oder die Kadenzbewegung im tonalen Raum der Musik sicherlich Ausdruck objektiver und biologischer Gesetzmäßigkeiten wie Dreidimensionalität oder Obertonintervalle. Parallel dazu sind sie seit Jahrhunderten verbindliche künstlerische Konvention gewesen, die jene einmaligen europäischen Höchstleistungen ermöglichten, die Ostasiaten heute manchmal verständnisvoller bestaunen als ihre europäischen Nachfahren. Wir wollen Goethe sprechen lassen:

> »Vergebens werden ungebund'ne Geister
> Nach der Vollendung reiner Höhe streben.
> Wer Großes will, muß sich zusammenraffen;
> In der Beschränkung zeigt sich erst der Meister,
> Und das Gesetz erst kann uns Freiheit geben.«

Kapitel 3

EMANZIPATION DER FRAU

Man schätzt den Staub, ein wenig übergoldet,
weit mehr als Gold, ein wenig überstaubt.
William Shakespeare, ›Der Kaufmann von Venedig‹

Der Leser möge sich von dem Titel dieses im Zusammenhang unseres Themas unumgänglichen Kapitels nicht schrecken lassen und unverdrossen bei der Lektüre ausharren. Es kann sich nämlich keinesfalls darum handeln, die bereits bestehenden Bibliotheken zu diesem Thema um einen weiteren Band zu bereichern. Dennoch besteht die Notwendigkeit, den Faden unserer Erörterungen auch durch diese spröde, zu einem großen Teil bereits der Geschichte zugehörigen Materie hindurchzuziehen, um von dem gewonnenen Aussichtspunkt dann zur eigentlichen Frage unserer Diskussion, der der Zukunftsgestaltung, vorzudringen. Denn es sei an dieser Stelle, falls überhaupt nötig, betont, daß dieses Buch – neben der Darstellung und Zuordnung maßgeblicher Sachverhalte und Zusammenhänge – sich vor allem die Belebung einer in Ansätzen bereits erkennbaren Diskussion zum Ziel gesetzt hat. Gegenstand dieses Buches soll auch nicht der erreichte Stand der Frauenemanzipation in rechtlicher und materieller, gesellschaftlicher und kultureller Hinsicht sein; vielmehr ihr sinnvoller Gebrauch im Sinne des Ganzen, wofür die Formel offensichtlich noch nicht gefunden ist.

Wir haben in einem früheren Kapitel die umfassende rechtlich-gesellschaftliche Gleichstellung der Frau mit dem Mann als Ausweis der Reife einer Zivilisation gekennzeichnet. Wir möchten aber beispielsweise vor dem unvermeidlichen Scheitern von Einrichtungen wie der sogenannten ›Gleichstellungsstellen‹ (sic!) warnen, wie sie von deutschen Sozialdemokraten dort betrieben wird, wo sie die örtliche Verwaltung beherrschen. Sie stünden gleich dem Hauptmann von Köpenick als weiteres Beispiel für Dinge, die nach dem Ausspruch von Kaiser Wilhelm II., der seine Leute wohl doch ganz gut gekannt haben mußte, kein Volk der Erde den Deutschen nachmacht. Auch wenn Lächerlichkeit nicht mehr tötet, sollten wir diese im Kreise der enger zusammenwachsenden Gemeinschaft der Europäer nicht unnötig provozieren.

Unzählige politische Initiativen und Meinungsäußerungen hierzulande scheinen nämlich davon auszugehen, daß Gesetzgeber, Behörden und Gerichte dazu da seien, ureigenste und intimste Privatverhältnisse unter den Menschen, gleich welchen Zivilverhältnisses, zu regeln. Diese Fiktion hat bereits verheerende geistige Flurschäden angerichtet. Sie als eine solche zu entlarven, ist eingestandenermaßen eine Absicht dieses Buches. Es kann keine zielgerichtete geschichtliche Perspektive darin liegen, alte Verhältnisse von Obrigkeit zu Untertan durch sozialistisch angeregte staatlich-gesellschaftliche Reglementierung, durch Verrechtlichung bis in die letzten Unwägbarkeiten hinein, abzulösen. Das wäre im Vergleich zur konstitutionellen Monarchie und ihrer Rechtsverfassung nicht Fortschritt, sondern Rückschritt, gegen den grundlegender Protest zu erheben ist.

Die Geschichte wollte es, daß die formale und inhaltliche Gleichstellung der Frau vor dem Recht in Europa – um mehr kann es sich, entsprechend dem Vorhergehenden, nicht handeln – sich in ihrer etwa hundertjährigen Entwicklung leider unter beinahe ausschließlich negativzersetzenden Umständen – Industrialisierung, Proletarisierung, Entwurzelung und totale Kriege – vollziehen mußte. Eine Entfaltung unter positiveren schöpferischen, kultivierenden Impulsen, statt deren Gegenteil, hätte der Sache in jeder Hinsicht besser zu Gesicht gestanden, sicherlich ohne daß es deswegen am Mitvollzug von seiten des männlichen Geschlechts hätte mangeln müssen. Es ist auch daran zu erinnern, daß in diesem europaweiten Prozeß – Amerika natürlich eingeschlossen – bei vielen Unterschieden des Tempos und der Motivation, in Deutschland in der Zeit des Nationalsozialismus von 1933–1945 scheinbar eine besondere, weltanschaulich bedingte Retardierung zu verzeichnen war; dieser heute vielfach einseitig gesehene Sachverhalt darf deshalb als prominentes historisches Exempel für ›Beifall von der falschen Seite‹ stehen. Ein englischer Gesprächspartner, mit dem der Verfasser einige Jahre nach Ende des Zweiten Weltkrieges über die damals scheinbar weiter vorangeschrittene Frauenemanzipation in England gegenüber Deutschland sprach, brachte dies in knapper Form auf den Punkt: »You know – the war did it for us« – ›Verstehen Sie, der Krieg besorgte das für uns.‹

Wenn wir die außereuropäischen Kulturkreise außer acht lassen und unsere rechtlichen Familienbeziehungen zu ihren Ursprüngen zurückverfolgen, so fällt, wie bereits in parallelen Zusammenhängen erörtert, deren verhältnismäßig große Stabilität im Zeichen des Patriarchats über zweitausend Jahre hinweg auf. Im Kontrast dazu stehen die erdrutschartigen Umbrüche in etwas über einhundert Jahren der Industrialisierung und, in deren Gefolge, der Vermassung mit ihren Auswirkungen auf praktisch alle Erscheinungsformen des materiellen und geistigen Lebens in Europa. Vom altrömischen Vaterrecht über die Pandekten- und Digestensammlungen und das Corpus Juris Civilis des Kaisers Justitian I. im 6. Jahrhundert führt, über das mittelalterliche deutsche Recht, eine ungebrochene Entwicklungslinie, die noch weit über die Französische Revolution – dem ersten großen Axthieb an die Wurzeln der abendländischen Kultur – hinausreichte. Zweifellos brachte die Französische Revolution, in ihren geistigen Grundlagen vorweggenommen im *Contrat Social* des Jean-Jacques Rousseau, morsche und ungerechte Ordnungen zum Einsturz; mit ihnen allerdings auch jene moralischen Grundlagen, auf denen zum Beispiel die Blüte des deutschen Klassizismus um 1800 beruhte, der infolgedessen in stets wachsender Gefahr lebte, die Bodenhaftung echter Volkstümlichkeit zu verlieren. Wie bereits früher erwähnt, drückt sich dies in den Folgerungen unserer Zeit unter anderem darin aus, daß die größten Dichtungen deutscher Sprache, die eben jener Zeit entsprangen, nicht einmal in den Lehrplänen vieler deutscher Gymnasien mehr vorkommen. Ganz anders in Italien oder Frankreich: Die humanistischen Vorläufer Dante und Petrarca dort sowie ein François Rabelais oder der bedeutendste französische Moralist La Rochefoucauld hier waren seit Jahrhunderten fester literarischer und geistiger Besitz ihrer Nationen gewesen, unverlierbare Bestandteile italienischer und französischer Identität bis heute und selbstverständlich auch in Zukunft Pflichtlektüre an den dortigen Schulen.

Der erhaben zu nennende Grundzug des europäischen Mittelalters lag ja gerade darin, daß er der Idee des Rechtsanspruchs das Gebot der Pflicht stets voranstellte. Daß dies nicht etwa nur für die Untertanen aller europäischen Königreiche bis hin zum Leibeigenen galt, sondern in erster Linie für den Adel, drückt sich in jenem durchaus programmatisch zu verstehenden französischen Wort aus: ›noblesse oblige‹ – ›Adel verpflichtet‹. Nur eine solche Devise ermöglichte letztendlich die unvergleichlichen schöpferischen Aufschwünge des Geistes des Mittelalters und der Haltung seiner Menschen bis in die Zeit der Aufklärung hinein, die wir heute bestenfalls staunend zu bewundern, nicht aber fortzuführen vermögen; deren hochempfindliche Formen dann die Französische Revolution unter sich begrub. Überliefert ist die Geschichte jenes Sansculotten der Französischen Revolution, der in der Bastille zur Bewachung gefangener Adliger, die auf ihre Aburteilung warteten, abgestellt war. Mit erhobener Muskete sprach er durch das Gitter: »Seht Ihr, bisher habt Ihr ein vornehmes Leben geführt, und wir waren nur Kohlentrimmer. In Zukunft wird es umgekehrt sein!« Ihm antwortete einer der Gefangenen: »Irrtum, mein Herr, in Zukunft sind wir alle Kohlentrimmer.«

In die geschichtliche Konsequenz, deren Zwangsläufigkeit durch das Auftreten von Industrialisierung und Vermassung im Laufe des 19. Jahrhunderts gewissermaßen diktiert wurde, war die Entstehung der Frauenfrage, die Emanzipation, eingebettet. Sie wurde mit gleichsam automatischer Notwendigkeit zum grundlegenden Element nicht nur des *Kommunistischen Manifests* von Marx und Engels aus dem Jahre 1848, sondern aller übrigen von diesen angeregten sozialistischen Programme und Volksbeglückungstheorien, die in seiner Folge das Licht der Welt erblickt haben. Dies hatte einfache Gründe: nicht allein die stets und ausschließlich nivellierende Tendenz solcher Programme, ganz im Sinne des oben zitierten Dialogs zwischen dem Adligen und seinem proletarischen Bewacher in der Bastille; vielmehr entsprach die Forderung nach politischer Gleichberechtigung der Frau, also ihrem Stimmrecht, gänzlich der damaligen Minderheitsstellung der Kommunisten und Sozialisten in einer noch vorwiegend agrarischen Gesellschaft mit noch einigen Rückständen des Feudalismus. Mit den Frauen an die Macht – das war auch der Leitsatz eines späteren Sozialisten, diesmal nicht der internationalen, sondern der nationalen Spielart: Adolf Hitler. Das neugeborene deutsche Frauenwahlrecht von 1918, so viel ist statistisch einwandfrei nachgewiesen, wurde von der Propaganda seiner aufsteigenden Partei meisterhaft instrumentalisiert, im Appell an die ›Volksgenossin‹. Der Dame aus Adel und Großbürgertum, der standesbewußten Frau aus Handwerk und Bauerntum folgten allerwärts die Genossinnen, als Vertreterinnen des vierten Standes, des Industrieproletariats. Die Nomenklatur ist verräterisch: Die ›Genossen und Genossinnen‹ Hitlers wie Stalins zeigen, bei rein machtpolitisch motivierter Todfeindschaft, die gemeinsame sozialistische Grundanschauung – ganz gleich, ob international- oder nationalsozialistisch – zum ›Menschenmaterial‹, dessen sie sich bedienten. Als Genossen titulieren sich heute noch, fortschrittsbewußt, alle im Deutschen Bundestag vertretenen Repräsentanten des sozialistischen Kaleidoskops von SPD zu PDS. In den bis 1989 bolschewisiert gewesenen Ländern des europäischen Ostens dagegen ist diese Titulierung ausgestorben – mit Ausnahme vielleicht sektiererischer Zirkel der historischen Verlierer, der Parasiten des alten Systems.

In vielen Jahrzehnten hat sich derweil in den Industriestaaten ein Interessenkartell gebildet – von Natur durchaus unterschiedlicher Art, aber in der Umwerbung der Frau einig: Parteien, Gewerkschaften, Wirtschaft und Medien. Die gemeinsamen Interessen sind schnell aufgezählt:

– das weibliche Stimmpotential bei Wahlen;
– die beitragsträchtige Finanzierungsquelle der Gewerkschaften;
– die verfügbare Reservearmee in Industrie und Dienstleistungen;
– das Steueraufkommen aus abhängiger Frauenarbeit;
– die Sozialbeiträge aus weiblichen Arbeitsverhältnissen für Kranken- und Rentenkassen.

Es scheint auf der Hand zu liegen, daß eine moderne Volkswirtschaft, einschließlich des öffentlichen Sektors, bereits bei einer Halbierung der Frauenarbeit – als rein theoretisches Modell einmal angenommen – sofort zusammenbrechen müßte; so stark sind diese Abhängigkeiten seit langem zementiert. Was bei dieser Entwicklung jedoch weitgehend aus dem Blick geraten ist, wenn man einmal von Wahlkampfforderungen, Gedenktagen und Sonderbriefmarken absieht, ist das Kind mit seinem Anspruch, das freilich über keine politische Lobby verfügt; einfach deshalb, weil es weder zum Sozialprodukt noch zu Wahlkampfergebnissen einen Beitrag zu leisten vermag. Immerhin ist ›das Kind‹ bereits seit Jahren als wichtige Konsumenten-Zielgruppe von den Markenartikelherstellern und der für sie tätigen Werbebranche entdeckt und, mit schnell wachsendem Wertschöpfungseffekt, aktiviert worden. (Darum heißen unsere Kinder nun auch auf Neudeutsch die ›Kids‹.)

Konsequenter waren in dieser Hinsicht diejenigen Staaten, in denen die Diktatur des Proletariats die Verwirklichung des Sozialismus, wie sie es sah, ohne Störung durch eine Opposition, geschweige parlamentarische Kontrolle, vollstrecken konnte. In der versklavten realsozialistischen Arbeitsgesellschaft, in der mafiose Herrschaftseliten auf Kosten einer verarmten, terrorisierten Helotenklasse ein luxuriöses Leben führen durften – geballte Unfähigkeit in allen Wirtschafts- und Verwaltungsfragen, aber Weltmeister der Spionage, der Ausforschung und des Psychoterrors –, wurde die Bedeutung der Jugend vom Säuglingsalter aufwärts voll erkannt und gewürdigt.

Da das weibliche Arbeitspotential, entlohnt mit wertlosem Papiergeld, vollständig für den Produktionsprozeß mit seiner lähmenden Ineffizienz aufzubieten war, stand eine vollzählige Kinderkrippenkapazität spätestens vom vollendeten zweiten Lebensjahr an zur Verfügung. Der sozialistische Totalstaat nahm die Kinder in seine Zwangsobhut, um sie, die noch nicht lesen und schreiben konnten, auf den Klassenfeind abzurichten und für das sozialistische Gesellschaftsbild zu formen; für das künftige Helotendasein in internationaler Solidarität, international wie die Herrschaftsklasse selbst.

Wenn die westlichen Demokratien dank der (noch) funktionierenden Mechanismen der politischen Gewaltenteilung und der pluralen Interessengruppierungen auch nicht vom Grundsatz her dafür gedacht sind, die Zerschlagung der Familienstruktur abrupt und per Gesetz zu verordnen, so ist doch die Parallele zum Sozialismus bemerkenswert, die darin liegt, daß von mehr oder weniger allen Parteien und sonstigen politischen Organisationen – die Kirchen hier einmal ausgenommen – die Vervielfachung der vorhandenen ›Kindertagesstätten‹ gefordert wird, auf daß jede Mutter in Deutschland sich uneingeschränkt ihrer Selbstverwirklichung im entgeltlichen Arbeitsverhältnis widmen kann. So gesehen erscheint der verfassungsmäßige Anspruch auf einen Kindergartenplatz für alle als eine sinngemäße Ergänzung des Gleichheitsgrundsatzes zwischen Mann und Frau, und der Sozialismus der Internationale, insbesondere wo er durch parlamentarische Regeln veredelt erscheint, als die zweifelsfrei fortschrittlichere Alternative etwa zum Nationalsozialismus (hier nur unter dem Gesichtspunkt seiner familienpolitischen Position betrachtet.)

Wir haben gesehen, welche bedauerliche moralische Hypothek auf dem Weg der Frauenemanzipation lastet – selbstverständlich ohne deren Verschulden. Sie ist nicht deswegen zu verurteilen, weil sie als Antwort auf Entartungsprozesse der faustisch motivierten mitteleuropäischen Entwicklung, die in Industrialisierung, Entwurzelung von Millionen und technische Kriegführung mündete, in die Geschichte trat. Die rechtlich-gesellschaftliche Gleichstellung der Frau im Verhältnis zum Mann – wir wiederholen es ein weiteres Mal – ist, beinahe losgelöst von den Motiven und Begleiterscheinungen ihres Vollzugs, unter den Bedingungen des modernen Europas als Wert an sich, als Ausweis einer zivilisatorischen Reife anzuerkennen, die im Grunde hier schon vor zwei Jahrtausenden erreicht war. Es ist aber zu fordern, daß diese zunächst einmal unterstellte Reife unserer Zivilisation sich auch auf ihr ureigenstes Zukunftsinteresse richtet, verkörpert in ihrer Jugend – und dies nicht nur am Rande, sondern als erste Verfassungspflicht vor allen übrigen. Hier besteht nicht nur ein Mangel; hier klafft ein Abgrund, der uns verschlingen wird, wenn wir nicht zu einer grundlegenden Umkehr unserer Lebensauffassung im Ganzen bereit sind. Wer diesen Abgrund nicht begreift oder nicht zur Kenntnis nehmen will und meint, sechs Millionen verbriefte Kindergartenplätze oder, damit verbunden, eine weitere halbe Million Arbeitsplätze der überschuldeten öffentlichen oder auch privaten Hand seien die Forderung des Tages, daher wünschenswert und finanzierbar, dem kann man Reife nicht zusprechen.

Die Antwort liegt woanders: in der Emanzipation der Frau nicht vom Mann, sondern zu sich selbst. Denn Mann und Frau sind nicht zur Ungebundenheit geschaffen, ebensowenig wie der Künstler in dem Goetheschen Wort. Nur in der schöpferischen Gebundenheit an und in sich selbst sind sie wahrhaft frei, und nur in einem so beschaffenen Menschenpaar findet das Kind seinen Hort, seinen Reichtum, der von Geld, Komfort und Konsum nichts weiß.

Aber auch und gerade die Frau, solange sie Mutter minderjähriger Kinder ist – und nur von dieser Zeitspanne ist die Rede –, wird wie ehedem in der anspruchsvollen Bewältigung der wirtschaftlichen und technischen Aufgaben moderner Haushaltsführung, vor allem aber in dem Leben mit ihren Kindern und der damit geforderten angewandten Psychologie und Vorbildfunktion, ihre Erfüllung finden, sich vollkommener verwirklichen können als in jeder in unserer heutigen Zivilisation gebotenen alternativen Daseinsform. Freilich ist es ihre eigene Wahl, die ihr niemand abnehmen kann, ob sie sich die mit diesem unvergleichlich hohen Gewinn ohne Frage verbundenen Opfer an Lebensstandard, Freizeit und vorübergehend auch Beweglichkeit abfordern will. Hat sie sich aber einmal mit ihrem Mann für das Kind entschieden, dann soll sie es ganz tun, mit aller Konsequenz und – wenn dieses alte Wort in heutiger Zeit noch einen Ort der passenden Anwendung haben sollte – zum Segen des Ganzen. Völlig fehl am Platze sind der zuweilen vorkommende verlegene, beinahe entschuldigende Blick in Richtung der sogenannten Karrierefrau mit ihrer kennzeichnenden Profilneurose, ihren Serengeti-Safaris und Boutiquefetzen und ebenso der vielleicht etwas herablassende in umgekehrter Richtung auf das Bild der Hausfrau und Mutter aus der *Gartenlaube*.

Die Familie, Mann, Frau und Kind, sind zum Schauplatz einer wahrhaft dramatischen Entscheidung in Gegenwart und naher Zukunft geworden, auf dem das Schicksal unseres Landes, unseres Europas, unserer Kultur und Gesittung, die in weiten Teilen bereits böse ramponiert sind – man möchte hoffen, nicht ohne Umkehr –, entschieden wird. Im Gegensatz zu der Gewerkschaftsfloskel: »mehr Geld, weniger Arbeit« wird es für uns alle, Männer und Frauen in ganz Europa, in den absehbaren Zeiträumen sehr viel mehr Arbeit, aber gegen etwas weniger Geld geben. Wem das noch nicht klar ist, der ist mit Blindheit geschlagen. Die wertfreien Illusionen des Geschirrspüler-Wohlstands und, wie es Magnus Enzensberger einmal nannte, der Tischfeuerzeugkultur, haben uns bereits eingeholt. Den verlorenen Vorsprung wieder einzuholen, kann nur der Jugend, der Zukunft vorbehalten sein, denn dieser kulturelle Rückgewinnungsprozeß wird Jahrzehnte benötigen. Verlieren wir denn nicht weiterhin unwiederholbare Zeit in Verteilungskämpfen und der Illusionspflege geschlechterbezogener Feindbilder, von der heute eine ganze Medien- und Bewegungsindustrie lebt? Diese sollten mit der Zeit und der Ausbreitung einer neuen Aufklärung, einer zukunftsgerichteten geistigen Rückbesinnung der Menschen, der Austrocknung anheimfallen

Die Emanzipation der Frau zu sich selbst als mögliches Ziel und kulturelle Errungenschaft einer künftigen Gesellschaft, und nicht aus der opportunistischen Krähwinkelperspektive, die sich bisher hauptamtlich mit ihr befassen durfte, wird wertvollstes Element eines solchen Gesundungsprozesses sein. Diese aber kann auf dieser Welt nur von der Familie ausgehen und von nirgendwo anders, unter bewußter und entschlossener Absage an alle politisch-gesellschaftlichen Kräfte und ›Angebote‹, deren strategisches Hauptanliegen die Vernichtung der Familie und mit ihr aller selbstbestimmten menschlichen Bande ist.

Kapitel 4

SPANNUNGSFELD DER GESCHLECHTER IM SCHLAGSCHATTEN DER IDEOLOGIE

Es ist ein Wunder, wie die Wirklichkeit mit ihren Widersprüchen doch zu sich selbst findet – sie ist Harmonie der Gegensätze, wie Bogen und Leier.
Heraklit, ›Fragment 51‹

Polarität der Erlebniswelten

In den vorangegangenen Kapiteln haben wir versucht, uns von verschiedenen Seiten der Geschichte und Gegenwart des Menschen erkennend zu nähern. Ausgehend von der Betrachtung seiner Ursprünge und seiner Bewegung zum heute erreichten Standort kommen wir schwerlich umhin, in medizinischem Sinne von Anamnese und Diagnose – Krankengeschichte und Krankheitsbild – zu sprechen. Insoweit wäre nicht viel zu sagen, denn die zurückgelegte Geschichte der Verabschiedung von der Natur, der die Menschheit dafür die Emanzipation zu kulturellen Hochleistungen abzuringen vermochte, um schließlich in amorphe Vermassung und galoppierenden Kulturverfall einzumünden, ist eine nicht umkehrbare Tatsache. Um so gebieterischer stellt sich daher unserer vernunftbetonten Spezies – stets eingedenk allerdings der von Goethe für alle Zeiten gültig formulierten Einschränkungen – die Aufgabe einer schöpferischen Vision zur Zukunftsgestaltung, die ihrerseits nur über den Willen zu radikaler geistiger Umkehr erreicht werden kann.

Diese Aufgabe ist in ihrer Dringlichkeit, wegen der Gefährdung unserer gesamten Zivilisation schlechthin, allzulange nicht erkannt worden, während die Kräfte der Zerstörung rings um uns manchmal mit Getöse, öfter aber unauffällig, dafür um so planmäßiger zu Werke gehen konnten – wir verweisen hier nochmals auf das prägnante Zitat aus Rohrmosers Buch im ersten Kapitel.

An der Erkenntnis dieser Aufgabe, der Notwendigkeit zur Umkehr, führt nun kein Weg mehr vorbei, dafür schreien uns die Zeichen tagtäglich zu deutlich an. Sich ihr und den geforderten Mühsalen und Opfern entziehen zu wollen – über diese Einsicht kann nur nackte Frivolität hinwegtäuschen – bedeutete den sehr baldigen und vollständigen Zusammenbruch von Kultur und Gesittung, deren Grundlagen zum Wiederaufbau immerhin noch zur Verfügung stünden. In eine Welt, die in bisherigen Bahnen weiterliefe, Kinder zu setzen, könnte als gedankenlos, verantwortungslos und grausam zugleich angesehen werden. Unter diesem Gesichtspunkt wollen wir betrachten, wie die Zukunftsaufgaben unter den gegebenen physischen und psychischen Voraussetzungen von Mann und Frau fruchtbar harmonisiert werden können; denn auf die Freisetzung aller verbliebenen geistigen Reserven der Geschlechter käme es bei der Inangriffnahme dieser in der Tat herkulischen Aufgabe an: Ansätze zu einer lebenswerten Welt für die künftigen Generationen auf den Weg zu bringen.

Zunächst sind einige von der Natur gesetzte Grunddaten zu berücksichtigen, die über eine Entwicklungszeit von Hunderttausenden von Jahren hinweg bei den Geschlechtern überaus differenzierte psychische wie physische Gemengelagen hervorgebracht haben. Dies folgt zwanglos aus der schon früher angesprochenen polaren Organisation des Kosmos, dessen Gesetzen auch die Lebewesen aller Evolutionsstufen unterworfen sind. Es ist längst anerkannt und in der Tat auch nicht zu übersehen, daß die belebte Natur nur infolge dieses polaren Prinzips und unter den erwähnten differenzierenden Bedingungen unter den Geschlechtern im Sinne ihres schöpferischen Hauptanliegens, der Schaffung und Erhaltung der Arten, erfolgreich wirken kann. In der Teilchenphysik äußert sich dieses Prinzip – we schon erwähnt – in Gestalt positiver und negativer elektromagnetischer Ladungen und in der Welt der Lebewesen, wo immer diese einen über die Zellteilung hinausführenden Organisationgrad erlangt haben, in der Polarität der Geschlechter, männlich und weiblich, schließlich beim Menschen in Mann und Frau. Diese scheinbar unvergleichbaren Erscheinungen beruhen in der Tat auf demselben Prinzip, das daher mit Recht als das geheimnisvolle, auch dem menschlichen Verstand im letzten Grunde unzugänglich bleibende Urprinzip der Schöpfung erkannt worden ist. Seine letzte Ursache – oder sein Verursacher – wird immer Gegenstand religiöser oder metaphysischer Spekulation bleiben müssen. Dabei sind wir uns über die grundsätzliche Fragwürdigkeit geschlossener Kausalkreise im Lichte der Relativitätstheorie und der Heisenbergschen Unschärferelation klar geworden. Das auf die besonderen biologischen Voraussetzungen unseres Planeten abgestimmte Sensorium des Menschen, einschließlich seiner Bewußtseinskräfte, gelangte bis vor kurzem in außerirdische, kosmische Erkenntnisbezirke nur mit Hilfe mathematischer Deduktionen, niemals durch unmittelbare sinnliche Anschauung. Hingegen sind Intuition und mystische Versenkung offenstehende Wege unmittelbarer Erkenntnis, allerdings für wenige; auch das Erlebnis von Musik in ihrer mathematischen Intervallstruktur und ihrer Entfaltung in der zeitlichen Dimension kann diese Wirkung haben.

Es steht dem Menschen – dem Mann wie der Frau – wohl an, bei der Betrachtung ihres Verhältnisses zueinander von einem etwas abgehobenen Standpunkte auszugehen, um dem unwürdigen Absturz in pure Banalität und vulgären Opportunismus, als einer heute epidemischen Peinlichkeit, zu entgehen.

Aus den extrem komplizierten physischen und psychischen Strukturen des Menschen, insbesondere aber der Wechselwirkung der beiden Geschlechter in diesen Ebenen, ergeben sich die erwähnten unterschiedlichen ›Gemengelagen‹, die bewirken, daß beide Wesen – auf den ersten Blick fast gleich – tatsächlich grundverschiedene Erkenntnis- und Erlebniswelten vertreten, die als Spannungspole aufeinander einwirken und einander in Bann halten. Wer, wie gewisse FeministInnen, diese aus tiefem Grund so unterschiedliche Veranlagung der Geschlechter auf einige vergleichsweise untergeordnete anatomische Einzelheiten reduzieren möchte, beweist damit eine abgründige Beschränktheit der Sicht auf eines der großen Leitmotive der Natur, und besonders auf die Stellung des Menschen in ihr. Das Ergebnis sind die bekannten, ebenso platten wie, wegen ihrer geballten Öffentlichkeitswirkung leider auch gemeingefährlichen politischen Schlußfolgerungen, vorzugsweise in Gestalt von Befreiungsparolen aller Art. Deren dauernde Infiltration seit nun zwei Generationen ist dazu angetan – und, wie wir sahen, keineswegs ohne planende Absicht –, jeden konstruktiven Lösungsversuch individueller Lebensbewältigung im Ansatz zu blockieren, um die bewußtseinsändernde Kollektivlösung nicht nur hoffähig zu machen, sondern ihr brutales, menschenverachtendes Diktat historisch und moralisch zu rechtfertigen.

Generalangriff der Kritischen Theorie

Bevor wir zur Artikulation des Zukünftigen, der vitalen Aufgabenstellung der Geschlechter unter den Bedingungen der Gegenwart gelangen, als dem zentralen Thema dieses Kapitels, ist es unumgänglich, sich nicht allein an den Äußerungen des Gesellschaftsverfalls zu orientieren, sondern sich stets ihren theoretischen Unterbau, den Systemveränderer verschiedener Schattierungen als geistiges Sprung- oder Trittbrett benutzt haben, vor Augen zu halten. Es handelt sich um die im Zusammenhang des ›Desinformationszeitalters‹ und der Verwüstung unserer Bildungseinrichtungen noch abzuhandelnde neomarxistische Sozialphilosophie, mit der wir uns schon an dieser Stelle etwas ausführlicher befassen müssen; die ›Fortschrittstheorie‹ der Frankfurter Schule, benannt nach dem dort bereits in den zwanziger Jahren, und zwar mit Absicht außerhalb der universitären Sphäre, begründeten ›Instituts für Sozialforschung‹. Die Namen Horkheimer, Marcuse, Adorno, Bloch und später Habermas stehen für die Negation des Seins und des geschichtlichen Prozesses, verfeinert im philosophischen System der ›negativen Dialektik‹, deren geistreichster Verfechter, Theodor Adorno (eigentlich: Wiesengrund), gewesen ist. Die Mitarbeiter der ersten Stunde des Instituts haben in der Emigration wie in der Besatzungszeit nach dem Zweiten Weltkrieg (ihr Institut war von 1933–45 geschlossen, seine Gründer und Mentoren waren in die USA emigriert) umfassende theoretische Grundlagen für die Faschismusforschung, die Entnazifizierung und die antiautoritäre Umerziehung des deutschen Volkes geliefert. Im weiteren Verlauf bereiteten sie die Demontage des Geschichtsbewußtseins in der deutschen Öffentlichkeit, insbesondere aber in den Lehrplänen der Schulen, vor und halfen, sie auf den Weg zu bringen. Auf die Demontage der deutschen Sprache im Schulwesen durch deren Schüler Friedeburg in den ›hessischen Rahmenrichtlinien für den Deutschunterricht‹ werden wir in einschlägigem Zusammenhang noch zurückkommen.

Die Kritische Theorie fand erst unter der saturierten Studentengeneration der sechziger und siebziger Jahre ihre epidemische Verbreitung, die das Elend der Weimarer Republik, den Nationalsozialismus, die Schrecken der Weltkriege und die Härte der Wiederaufbauzeit in Deutschland, zudem seine internationale politisch-moralische Ächtung, symbolisiert in den Nürnberger Prozessen, nur vom Hörensagen kannte. Dieser Generation war dafür die Bereicherung der deutschen Sprache um Wortschöpfungen der Angst, wie Verunsicherung, Frust, Nullbock und No-Future vorbehalten. Ausgerechnet hier, im warmen Nest des Wirtschaftswunders, das jahrzehntelange Arbeit der Nachkriegsgeneration ermöglicht hatte, erwuchsen die Bataillone der Systemveränderer, die auf ihrem von Rudi Dutschke angekündigten Marsch durch die Institutionen vor allem die Organe der Universitätsverwaltungen lahmlegten und die studentischen Organisationen wie etwa den Allgemeinen Studentenausschuß ›AStA‹, finanziert vom kommunistischen Regime Ostberlins, unter ihre Kontrolle brachten. Zu allen Zeiten eine Minderheit unter den Studenten, standen ihre militanten Aktionen, wie Verwüstungen von Verwaltungsbüros und ganzen Stadtvierteln einem hilflos agierenden Staat gegenüber, gewaltsame Störungen der Vorlesungen und tätliche Angriffe auf Professoren und Dozenten; das öffentliche Skandieren der Namen von Menschenschlächtern wie Mao-Tse-Tung, Ho-Tschi-Minh und Che Guevara wirkte als Ausdruck einer verstörten Generation ›intelligenten‹ Nachwuchses. Als Lehrer fanden sie unter den Fittichen sozialdemokratischer Regierungen zielbewußt breiten Eingang in unser Schulwesen, wo sie nun, lebenslänglich und unkündbar, sich endlich des deutschen Beamtenstatus erfreuend, noch auf viele Jahre ungehindert die ›Bewußtseinsbildung‹ unserer Kinder im Sinne des Neomarxismus und der Demontage der Autorität werden befruchten dürfen.

Man könnte einwenden, die studentischen Ausschreitungen, die im Pariser Aufstand von 1968 ihre französische Parallele hatten, seien von der Kritischen Theorie des Frankfurter Instituts für Sozialforschung nicht gedeckt gewesen. Dem wäre vielleicht zuzustimmen, wenn man das philosophisch überaus konsequente, aber doch im hohen Luftraum ohne wirkliche Bodenhaftung angesiedelte theoretische Gebäude für sich in Betracht ziehen wollte.

Tatsache ist aber, daß beispielsweise ein Herbert Marcuse mit seinem berühmten Entrüstungsappell aus freien Stücken ausdrücklich nicht nur den geistigen Vorwand für die Verwüstungen im universitären Bereich lieferte, sondern in wörtlichem Sinne das Signal für die dann folgenden Ausschreitungen setzte. Der ursächliche Zusammenhang von Theorie und Praxis ist also nicht aus dem Weg zu räumen. Das Durchdringen der veröffentlichten sozialistischen Meinung vor allem in Deutschland zeigt sich denn auch in Form einer ansonsten so gänzlich ungewohnten Sprachlosigkeit unserer ›Linksintellektuellen‹ von Gaus bis Grass nach dem weltweiten wirklichen Fiasko des Sozialismus seit 1989. Es zeigt sich überdies in einer Deutung dieser historischen Vorgänge, wie sie nur borniertester Hochmut hervorbringen kann. Danach nämlich ist der Menschheitsfortschritt nicht am Marxismus gescheitert, sondern daran, daß Stalin, Ulbricht und Ceauscescu leider auf halbem Wege seiner Verwirklichung stehen geblieben seien. Wären sie konsequent weitergegangen, so hätte die Vollendung der Menschheitsbeglückung nach Karl Marx in Gestalt des sozialistischen Schlaraffenlandes nicht ausbleiben können. Daß schon dieser halbe Weg weltweit zwischen fünfzig und hundert Millionen Menschenleben und das karge Glück ganzer Generationen gekostet hat, kann einen linken Schriftsteller, der seine rote Nelke am Knopfloch wert ist, nicht scheren.

Die Kritische Theorie hat, neben der planmäßigen Zerstörung des historischen Bewußtseins und der Autorität in den allgemeinen gesellschaftlichen Zusammenhängen, insbesondere aber in den Familien und im Verhältnis der jungen zur älteren, als ›faschistoid‹ bezeichneten Generation, noch die große Abwertung des ›Affirmativen‹ zu ihrem Hauptanliegen gemacht. Unter diesen Begriff fallen praktisch alle irgendwie aufbauenden Tendenzen, die bei der Bildung der europäischen Kultur maßgebend beteiligt waren, eben alles Affirmative, das heißt Bejahende. Positive Grundhaltungen wie Pflichterfüllung, Treue, Fleiß, Bildungsstreben, im einzelnen dann Liebe zur großen Literatur und Malerei, zu klassischer Musik und Geschichtskenntnis, zu den eigenen Eltern und Geschwistern oder, Gott behüte, zum eigenen Vaterland und dessen Symbolen stehen ganz oben auf der Abschußliste der Neomarxisten, und nicht ohne Erfolg, wie zum Beispiel ein Blick auf die Lehrpläne und die pädagogischen Produkte derjenigen unserer Schulen zeigt, die nachhaltig von sozialdemokratischer Bildungspolitik geprägt sind.

Der viel umfassendere Erfolg der Kritischen Theorie in Deutschland, im Vergleich zu unseren Nachbarn und Mitteilhabern an der europäischen Kultur, steht unzweifelhaft mit den großen deutschen Traumata des Jahrhunderts – zwei verlorenen Weltkriegen und in deren Gefolge Fremdbestimmung, Vernichtung des Volksvermögens und überkommener gesellschaftlicher Ordnungen – in unmittelbarem Zusammenhang. Dem Franzosen, Italiener, Briten, Schweizer oder Norweger sind beispielsweise seine nationalen Symbole, etwa Staatsflagge oder Nationalhymne, heilig, auch heute noch. Bei uns sind sie Gegenstand entweder kleinkarierten Gezänks oder – noch schlimmer – der Gleichgültigkeit. Die Kritische Theorie hat als Teilziel erreicht, daß die Deutschen sich selbst hassen gelernt haben – in der Schule nämlich – und daher als Erwachsene, sollte es immer noch um ›Positives‹ gehen, den Status der Weltbesten in Demokratie, Laissez-faire, permissiver Presse, Entwicklungshilfe, finanzieller Transfers an die Europäische Gemeinschaft und wertfreien Subventionstheaters anstreben. Unser ganz großer nationaler Ehrgeiz aber entfaltet sich im sogenannten ›Sport‹, der sich über die Jahre zu einer selbsttragenden Kommerzeinrichtung ersten Ranges gemausert hat.

Beobachten wir, daß die wirklich einzige Gelegenheit, bei der das Hissen der Bundesflagge und das Erklingen unserer Nationalhymne sogar heute noch eine momentane Ergriffenheit hervorzurufen vermögen, der Sieg in einem internationalen Fußballspiel oder Gewinn einer Goldmedaille ist – belangloser Spektakel, aber kritischem deutschen Wesen heutiger Prägung wohl angemessen. Dänen, Spanier oder Griechen haben sich in dieser Hinsicht doch eine andere emotionale Dimension gewahrt, obwohl auch sie, wie jede Nation, von geschichtlichen Traumata und Identitätskrisen keineswegs bewahrt blieben.

Die Stimmenverhältnisse der Sozialisten in unseren Parlamenten in Bund und Ländern zeigen, daß der sozialistische Traum noch nicht ausgeträumt ist, und wir erinnern uns daran, daß unser Wählernachwuchs an den Schulen weiterhin und unvermindert auf dieses Ziel hin ausgerichtet wird; und keine Macht in unserem Land vermag dagegen einzuschreiten. Es ist, als seien Einsicht und Wille zur Erkenntnis der wirklichen Zusammenhänge und zum Aufraffen zu Abwehrmaßnahmen, die ja beim Stimmzettel beginnen müßten, bereits gelähmt, der Niedergang unserer Kultur mit institutionellen Mitteln nicht mehr abzuwenden.

Wir haben hier versucht, in gebotener Kürze die politisch-theoretischen Hintergründe unserer Gesellschaftskrise darzustellen, die parallel zur Staats- und Verfassungskrise ausgewachsen ist und inzwischen jeden privaten Kreis, ob in Ausbildung, Beruf oder Familien, mit ihren giftigen Absonderungen durchdringt. Erinnert sei daran, daß die feministische Bewegung heutiger Prägung – weit abgehoben von den guten, alten, zuspruchwürdigen Suffragetten der Jahrhundertwende – unmittelbarer Ausfluß der oben beschriebenen neomarxistischen Befreiungsdoktrin ist und das Bild der gesellschaftlichen Atomzertrümmerung nach der Seite der Familie abrundet, vor allem aber deren Kern: die Frau. Erst der Mann, dann die Frau, schließlich das Schulkind, die alle an ihren besonderen Lebensproblemen leiden – gestern, heute wie morgen gleichermaßen – und daher ihre je besonderen Schwachstellen, Blößen und Angriffspunkte haben. Das ist die Marschordnung, die Reihenfolge des marxistisch-sozialistischen Generalangriffs auf unser Bewußtsein, unser Menschenbild und damit unsere Kultur im Ganzen. Dies ist der szenische Hintergrund, vor dem die ewigen Akteure der Menschheitsgeschichte, Mann und Frau, in Zukunft zu handeln haben werden.

Wir sprachen vorhin von den differenzierten Gemengelagen der beiden Geschlechter der Spezies homo sapiens und wollten damit auch ausdrücken, daß insbesondere die psychische Differenzierung weit über das hinausgeht, was andere höher entwickelte Arten, auch unter den Säugern, aufzuweisen haben. Wenn wir einmal den Bestand vitaler Eigenschaften in eine Reihe gegensätzlicher Attribute in der Form von Wortpaaren auflösen wollen, so könnte sich die nachstehende Gruppierung ergeben:

robust	empfindlich
stark	schwach
groß	klein
mutig	ängstlich
widerstandsfähig	anfällig
schnell	langsam
entschlossen	zögernd
ausdauernd	ermüdbar

anhänglich	unabhängig
offensiv	defensiv
phantasievoll	phantasiearm
realistisch	phantastisch
sachlich	unsachlich
gefühlsarm	emotional
ausschweifend	verhalten.

Wer diese Tabelle von Attributen, die sich anteilig oder situationsbedingt in jedem Menschen finden, gedanklich nachvollzieht, dem wird ohne weiteres klar, daß es nicht möglich ist, einen Menschen gleich welchen Geschlechts mit einer ausschließlich ›positiven‹ oder ›negativen‹ Reihe solcher Attribute zu kennzeichnen.

Eine Frau kann in einer bestimmten Situation ›schwach werden‹ – der Mann etwa nicht? Er kann den Mut verlieren, und die erdnähere Frau richtet ihn wieder auf, damit er am Ende siegen kann; das ›Siegen‹ freilich ist, von bestimmten Fällen abgesehen, eher ›seine‹ Domäne, aber wie erkauft? Die Frau kann sich, je nach Situation, von bemerkenswerter Sachlichkeit leiten lassen, wenn auch ihr Naturell im Normalfall nicht von vornherein dahin tendieren mag; und was körperliche oder seelische Robustheit anlangt, so ist beileibe nicht ein für allemal entschieden, wer hier im Vergleich der Geschlechter zweiter Sieger bleibt. Der planende Horizont der Phantasie dürfte beim Mann, vor allem in der beruflichen oder künstlerischen Sphäre, oft weiter gesteckt sein als bei der Frau, doch deren zügelnder Einfluß hat auch schon manche männliche Bruchlandung verhindert; und so fort.

Was die gegenseitige Ergänzung, das vitale Zusammenwirken von Mann und Frau in den verschiedenen Ebenen ihrer Existenz ausmacht, ist einerseits natürlich anlagebedingt und insoweit geschlechtsspezifisch, andererseits aber, in concreto, situationsbedingt; ein je ›gattungsspezifisches‹ Mischungsverhältnis der im Prinzip gleichen Grundelemente physischer oder psychischer Reaktions- und Verhaltensweisen. Wenn man alle denkbaren Eigenschaften menschlicher Art, die demnach in beiden Geschlechtern, wenn auch in unterschiedlicher Stärke, vorkommen, einmal theoretisch als in völlig gleichförmigem Mischungsverhältnis in einem Mann und einer Frau vorhanden annehmen sollte, so hätte man in der Tat zwei (fast) gleichförmige Individuen. Dann bliebe nur noch jener ›kleine Unterschied‹, auf den FeministInnen so gern und ausschließlich ihre Argumentation gründen. Tatsache ist dagegen, daß die vitalen Zustände bei allen Individuen stets fließen, Einzelaspekte einmal mehr in den Vordergrund drängen, dann wieder zurücktreten und somit das ganze Kaleidoskop in ständiger Bewegung, in stetem Wandel begriffen ist. Erst die Häufigkeit der Zustände und Konstellationen in einem Individuum, die infolge erfahrbarer Wiederholung die Qualität von unterscheidenden, beschreibbaren Eigenschaften entwickeln, die somit den Rang von Charaktermerkmalen annehmen können und auch berechenbare Reaktionen hervorbringen – diese Häufigkeitsverteilung offenbart das je einzigartige Wesensprofil eines Menschen. Diese Betrachtungsweise schließt aber eine Einteilung der Geschlechter in eine erste und zweite Klasse, etwa ein starkes und ein schwaches Geschlecht, aus; vielmehr gehen nicht nur zwei, sondern viele Klassen und Schattierungen gleichermaßen durch beide Geschlechter. Eine natürliche Konkurrenz der Geschlechter zu postulieren ist daher ein grundlegend falscher Ansatz; vielmehr konkurrieren nach dem Gesetz des Lebens Menschen gleich welchen Geschlechts in jeder Lebenslage mit- und untereinander. Ziel und Ergebnis der Partnerschaft oder der Ehe ist dagegen nicht Konkurrenz oder etwa ihr faktisches oder imaginäres ›Ausschalten‹, sondern Ergänzung, wie sie Platon bereits vor zweieinhalb Jahrtausenden sah: Ein halbes Rad sucht ewig jene verlorengegangene

Hälfte, die allein es ergänzen kann. Sein chinesischer Zeitgenosse Lao-Tse sagte, Speichen und Nabe ergeben das Rad, das den Wagen bewegt.

Diese nicht neuen und jedermann zugänglichen Zusammenhänge sind heute teilweise verschüttet. Sie erklären zum einen die vernichtende Bedrohung des Zusammenwirkens der Geschlechter durch die gesellschaftlichen Bewußtseins- und Zustandsveränderungen, die nach längerer Inkubationszeit in der zweiten Hälfte unseres Jahrhunderts aufgebrochen sind und heute in manchen Bereichen schon unumkehrbar erscheinen. Sie belegen zum anderen, in welcher Weise Männer und Frauen in Zukunft zunächst wieder zueinander finden und dann einen radikalen Umkehrprozeß und einen neuen Bewußtseinszustand, das heißt eine neue Kultur, einleiten müssen. Ohne einen solchen neuen Ansatz in unserer verfallenden Kultur, die vor allem eine neue Rangordnung der Wertungen und Prioritäten bis in den Schulunterricht hinein voraussetzt, sind wir alle – und dies ist keine Prophetie, sondern es liegt überprüfbar auf der Hand – verloren.

Hierher gehört auch, wie schon angedeutet, die grundlegende Neukonzeption des Erziehungs-, Schul- und Ausbildungswesens einschließlich der Hochschulen, die wir im Rahmen dieses Buches nicht ausführlich abhandeln können. Einige Leitgedanken wollen wir dennoch herausarbeiten. Sie betreffen in erster Linie Fragen der inneren Einstellung der Erwachsenen – ob Eltern, Lehrer oder andere Vorbilder – zur Aufgabe der Erziehung. Deren besondere Bedeutung für das ganze Leben des heranwachsenden Menschen ist seit Leibniz, Herder, Humboldt, Fichte, Schelling und Pestalozzi theoretisch unbestrittenes Allgemeingut oder war es bis zur Mitte unseres Jahrhunderts. Es ist in unseren Erörterungen auch mehrfach davon die Rede gewesen. Es kann sich selbstredend weder darum handeln, in überholte pädagogische Konzepte zu verfallen, noch andererseits darum, der heute vielerorts zu amtlicher Gültigkeit gelangten Nivellierungsstrategie der Neomarxisten nicht energisch in den Arm zu fallen. Vielleicht ist es in dieser Hinsicht bereits fünf Minuten nach Zwölf, wenn wir uns erinnern, wieviele Ideologen aus der mentalen Werkstatt der sechziger und siebziger Jahre noch bis ins nächste Jahrhundert hinein Gelegenheit haben werden, aus gesichertem Beamtenstatus heraus viele unserer Kinder und Enkelkinder zu deformieren; welche legitime Instanz soll da Einhalt gebieten?

Urvertrauen – das Geschenk des Kindes

Gleichviel, es steht die gebieterische Forderung vor uns, das Mögliche zu tun. Dieses Mögliche, dieses Rettende aber wächst aus dem Verbund von Mann und Frau, die beschlossen haben, wieder sie selbst zu sein, ob zu Hause oder im Beruf. Haben sie diesen Beschluß vollzogen, unter bewußter und regelmäßig auch notwendiger Hintanstellung kleinerer oder auch größerer materieller Vorteile, so werden sie auch ihre Fähigkeit wiederfinden, Identität zu stiften: die Heimstatt für ihre Kinder, die Nestwärme, das Urvertrauen, das Zuhause. Der langfristige Lohn ist mit keiner Tarifvereinbarung dieser Welt aufzuwiegen.

Nur auf der Grundlage kindlichen Urvertrauens läßt sich auch das unabdingbare Maß an Autorität im Elternhaus wie in der Schule errichten, das in einer ferneren Zukunft in der Lage sein könnte, nicht nur wieder Lebensorientierung zu vermitteln, sondern in der langfristigen Folge auch den Drogensumpf auszutrocknen, der längst auf unsere Schulen übergegriffen hat. Autorität wiederum kann nur auf der wichtigsten aller elterlichen Leistungen beruhen: der des gelebten Vorbildes, das im Bedarfsfall auch ein wohlüberlegtes Strafmaß oder bestimmte Verweigerungen für das Kind nachvollziehbar und erlebbar macht. Wenn wir uns erinnern, daß schon der König Salomo des Alten Testaments seinem Volk predigte, daß, wer die Rute schont, sein Kind verdirbt, so soll damit nicht der Prügelstock, sondern eine vergeistigte Art der Mahnung an die Erzieher, eine im Grunde tiefe Lebensweisheit, beschworen sein. Denn das Bäumchen biegt sich, doch der Baum nicht mehr. Versäumnisse dieser Art gegenüber dem Kind, ob aus Schuldgefühlen oder dem Mangel an natürlicher Autorität, hat der spätere Mensch bitter zu büßen. Es macht ihn überdies unfähig, jemals eigene Autorität und Erkenntnis seiner Verantwortung gegenüber Kindern zu entwickeln, ja es geht ihm die bloße Erkenntnis eines solchen Mangels ab.

Diese Zusammenhänge offenbaren im übrigen nochmals mit unabweisbarer Zwangsläufigkeit die absolut zentrale Bedeutung der Familie, als des Mikroorganismus und zugleich des Mikrokosmos der Gesellschaft, für den langwierigen Prozeß der Sozialisation des Kindes und des heranwachsenden Menschen. Es ist der Familienverband, in dessen konkreten Grenzen die Problematik menschlichen Zusammenlebens erlebt wird, wo Mann und Frau nur im Wege des Zusammenwirkens und gegenseitiger Achtung an den ihnen auferlegten Problemen und ihren glücklich gefundenen Lösungen zu reifen vermögen. Hier und nirgendwo sonst begegnet dem Kind der lebendige Anschauungsunterricht, hier lernt es Probleme und Lösungsversuche unmittelbar kennen und für die eigene Anwendung in endloser Variation zu verinnerlichen. Wird diese Elementarschule des Lebens in der konkreten Gemeinschaft – in betonter Abgrenzung von der wert- und verantwortungsfreien anonymen Masse – am Kind wie am heranwachsenden Jugendlichen versäumt, beispielsweise, weil die Eltern Wichtigeres vorzuhaben meinten, so werden die Probleme sich beim Herangewachsenen mit um so größerem Gewicht zu Wort melden – wenn die Zeit möglicher erzieherischer Einflußnahme durch das gelebte Vorbild der Eltern unwiederbringlich versäumt ist. Darum ist die immer mehr sich brutalisierende Gesellschaft der getreue Spiegel des Zustands ihrer Familien, die Verwahrlosung Jugendlicher in Millionenzahl der lebendige Ausdruck ihrer Elternhäuser und dessen, was aus mentaler Trägheit unpassenderweise noch so bezeichnet wird.

Die Kinder sind unsere Zukunft – diese Einsicht sollten wir endlich jenen ideologischen Rattenfängern aus der Hand schlagen, die unsere heutigen Zustände mit herbeigeführt haben durch unser aller Schuld, Unkenntnis und Harmlosigkeit. Die Kinder sind die Zukunft ihrer Eltern und nichts anderes. Die unverschämten Ansprüche von Staat, Parteien, Gewerkschaften oder sonstigen politischen Organisationen sind als das zu entlarven, was sie tatsächlich sind: unzuträgliche Anwendung des demokratischen Prinzips (was immer unter diesem hohen Anspruch sich aufzutreten erlaubt) auf Sphären, in denen es, im Sinne des früher zitierten Spaniers Ortega y Gasset, nichts zu suchen hat. Die Elterngeneration sollte auch nicht, wie heute in der öffentlichen Diskussion üblich geworden, im Zusammenhang mit Kindern als unserer Zukunft vornehmlich an die Finanzierungsbedürfnisse der demnächst zahlungsunfähigen Rentenkassen denken; vielmehr daran, daß Kinder und Enkel – es müssen nicht einmal unbedingt die eigenen sein – ein mildes Licht über unser Alter zu breiten vermögen. In gleicher Weise erwachsen wichtigste Aufgaben auch in umgekehrter Richtung: vom lebensgeschulten Alter an die Kindheit, die erst keimende humane Zukunft. Der Großvater, den Enkel auf dem Schoß, von Spiel und Ernst ins kindliche Ohr raunend; der Knabe, mal andächtig lauschend, dann wieder kreischend vor Lust, das Alter hätschelnd. Die Großmutter, im Wechselsang von Märchen und Lebensanweisung das Enkelkind ins Netz der Liebe einspinnend, als einer erweiternden Dimension der Mutterliebe; das kleine Mädchen aus spielerischer Traumwelt ins Märchenhafte und zugleich Zukünftige lauschend – in dieser Art und kaum anders verlaufen Wege zum humanen Bild des Menschen, der mit einigem Glück einstmals selbst Verantwortung für andere zu übernehmen in der Lage sein wird. Hier wächst das vorhin beschworene Urvertrauen, das allein die Grundlagen bereitstellt, den heranwachsenden Menschen vor dem Los des sozialen Treibholzes zu bewahren. Falls der Mensch irgend zur Humanität geschaffen sein sollte, dann über diesen zutiefst persönlichen Zusammenhang der Generationen. Alle Wege über den Staat oder andere anonyme Organisationen, die ihrer Zwecksetzung entsprechend vor allem Machtinteressen im Blick haben, sind Irrwege, ebenso wie der über die Familien-GmbH mit Entscheidung über den gemeinsamen Namen durch die Lostrommel. Die Zukunft hat schon begonnen – ein berühmt gewordener Buchtitel; sehen wir zu, daß sie uns nicht völlig aus der Hand gleitet!

Die Antwort der Biologie

Durch den ganzen Lauf unserer Betrachtungen, mit dem zentral auf die Geschlechterbeziehungen des europäischen Menschen gerichteten Blick, zieht sich als grundlegende Lebenstatsache die Erkenntnis, wie sehr die soeben angesprochenen, äußerst subtilen psychosomatischen Verfassungen, die Anima von Mann und Frau, Ergebnis einer unendlich ausgedehnt zu denkenden Entwicklungs- und Differenzierungskette sind. Darin eben liegt die eigentümliche Größe des Menschen beschlossen, daß er mit seinem je unverwechselbaren psychischen Profil und Personalschicksal zugleich als unentbehrliches Funktionsglied in der Kette *seines* – nicht etwa eines beliebigen – Geschlechts in ungezählten Vor- und Nachfahren wirkt. Es war die epochemachende Deszendenztheorie Charles Darwins (1809–1895), die den Auswahl- und Entwicklungsmechanismus der biologischen Arten in systematischem Zusammenhang offenlegte – wohlgemerkt, die äußeren, wissenschaftlich erfaßbaren Abläufe dieser Mechanismen; keineswegs das weiterhin unerforschlich gebliebene Geheimnis ihrer inneren Veranlassung und Steuerung, analog zum Instinkverhalten der Tiere, dem wir bereits unsere Aufmerksamkeit gewidmet haben.

Eine Erweiterung erfuhr der alsbald zur Weltanschauung geratene sogenannte Darwinismus gegen Ende des 19. Jahrhunderts bekanntlich durch den deutschen Zoologen und Anthropologen Ernst Haeckel (1834–1919), der jahrzehntelang als Professor der Zoologie an der Universität Jena lehrte und den dortigen Lehrstuhl in ein Weltmekka der Anthropologen verwandelte. Sein Bemühen um eine Synthese der rein materialistisch angelegten Theorie Darwins mit dem spirituellen Anspruch des Humanen, unter Einbezug auch des Religiösen, mündete in sein Alterswerk *Kristallseelen*, worin die Zuordnung auch des anorganischen Lebens, wie er es nannte, in eine Gesamtsphäre materiell-energetischer Evolution vollzogen wird. So seine wesentlich pantheistisch gedeutete ›Einheit der Natur‹; eine Auffassung, die ihre Ankerfunktion im modernen Geistesleben Europas in neuester Zeit noch zu festigen vermochte.

Eine entscheidende philosophisch-denkerische Ausformung des von Darwin und Haeckel gewiesenen Weges zur Entschlüsselung der »Welträthsel« (Haeckel) leistete in den frühen Jahrzehnten unseres Jahrhunderts der damals in hohem Ansehen stehende, heute zu Unrecht verdrängte Philosoph und Schriftsteller Guido Kolbenheyer (1878–1962), der auch als Lyriker und Dramatiker hervorgetreten ist. In seiner philosophischen Abhandlung *Die Bauhütte. Elemente einer Metaphysik der Gegenwart* (1925) entwickelte Kolbenheyer, in kennzeichnender Abweichung von Oswald Spenglers epochalem Werk *Der Untergang des Abendlandes*, das damals die Geister Europas erregte, eine Interpretation der Zeitereignisse nicht als notwendigen kulturellen Untergang, sondern als eine historisch neue Art zivilisatorischer Anpassungswehen zu einer gewandelten Existenzform des abendländischen Menschen. Diesen geistigen Mutationsvorgang deutete er dabei unter ausdrücklich biologischem Blickwinkel und schlug so die Brücke zwischen Darwin und der modernen Anthropologie unserer Zeit.

Das Schicksal, von der Ideologie des Nationalsozialismus weitgehend ungerechtfertigter theoretischer Anleihen gewürdigt zu werden, teilte Kolbenheyer mit anderen herausragenden Geistern seiner Generation, wie dem vorerwähnten Oswald Spengler, dem Philosophen Martin Heidegger, dem Staatsrechtler Carl Schmitt und manchen anderen. Sie alle wurden nach 1945, als damals übliche Konsequenz, mit Schreib- und Redeverbot belegt, im Fall Kolbenheyers unter Einziehung seines Vermögens und Ausweisung aus seinem Heim durch Besatzungsoffiziere. Sein literarisches Vermächtnis wird heute von der Kolbenheyer-Gesellschaft in Geretsried bei München betreut.

Kolbenheyers bedeutendstes Prosawerk war die 1927 erschienene Romantrilogie *Paracelsus*. Die Figur und das revolutionäre Wirken des größten Arztes und Chemikers seiner Epoche (1493–1541) aus Einsiedeln in der Schweiz faszinierte ihn sein Leben lang. Paracelsus gilt als der Begründer der Spagyrik, des medizinischen Nebenastes der mittelalterlichen Alchimie; darüber hinaus aber als Bahnbrecher einer philosophisch begründeten neuzeitlichen Medizin. Sein gedanklicher Ansatz geht auf den altägyptischen Philosophen und Okkultisten Hermes Trismegistos (3. Jahrhundert v.Chr.) zurück und mündete in die Formel These – Anathese – Synthese als Beschreibung der körperlichen und zugleich seelischen Entwicklung des Menschen, die ihm als untrennbare Einheit galten. Die Ähnlichkeit mit der fünfhundert Jahre nach Paracelsus von Hegel, Marx, Feuerbach und anderen Denkern des 19. Jahrhunderts aus der antiken griechischen Überlieferung wiederaufgegriffenen Dialektik ist eine nur scheinbare, denn dort heißt der mittlere Entwicklungsschritt nicht Anathese (= organische Weiterentwicklung aus der These), sondern Antithese (= Gegensatz zur These).

Der anathetische Ansatz des Paracelsus, als sein universelles Entwicklungsmotiv schlechthin, hat auch Kolbenheyers biologisches Denken entscheidend beeinflußt. Das bewahrte ihn nicht davor, von der Ideologie des Besatzungsregimes und dessen zivilen Exekutoren im entnazifizierungsbedürftigen Nachkriegsdeutschland als ›Sozialdarwinist‹, ›Biologist‹ und ›geistiger Wegbereiter der nationalsozialistischen Rassenideologie‹ erledigt zu werden. Alsbald breitete sich das Schweigen der Desinformation über ihn, als jenes Instrument moderner Indoktrinierung, auf das wir in einem späteren Kapitel noch ausführlich zu sprechen kommen werden. Die Laudatio aber, welche die medizinische Fakultät der Universität Tübingen Guido Kolbenheyer anläßlich der Verleihung der Ehrendoktorwürde im Jahre 1927 widmete – es handelte sich um das 450. Jubiläumsjahr der Universität – enthielt den folgenden Wortlaut: »Dem hervorragenden deutschen Denker, der in bewunderungswürdiger Weise in den Geist der Medizin einzudringen vermocht hat, der die Gestalt und das Schaffen eines der größten deutschen Ärzte (Paracelsus) vor unseren Augen wiedererstehen ließ, dem eindringlichen Verkünder ärztlicher Ethik, dessen Schaffen im Dienste der seelischen und geistigen Gesunderhaltung unseres Volkes steht.« Man sieht, ›unser Volk‹ galt in der Zeit der Weimarer Republik noch etwas an deutschen Universitäten, seine Gesunderhaltung offenbar als eines der vordringlichen Anliegen jener chaotischen Zeit. Das ist nun freilich siebzig Jahre her.

Kolbenheyer seinerseits hat sich unter anderem auch als erlesener Stilist unserer Sprache erwiesen, in der er seinen Erkenntnissen Ausdruck verlieh. Als eigentliches Anliegen dieses Abschnitts nach ziemlich umfänglicher, weil vermutlich nicht ganz überflüssiger Vorbereitung zitieren wir nun einige Textstellen Kolbenheyers aus seiner *Bauhütte* (1925), die sich eben um das universelle Entwicklungsmotiv, durchaus auch im Sinne unseres Themas, drehen. Das Bestreben des Autors geht dahin, die Entwicklung des Lebendigen in seiner naturgesetzlichen Entfaltung tiefer zu erkennen, den Menschen in diese Entwicklung einzuordnen, sein Woher deutlicher zu erkennen und damit der Frage nach dem ›Wie weiter?‹ näherzukommen. Nicht ohne guten Grund geht es auch Kolbenheyer zunächst um die Klärung der Begriffe, wie sie auch in diesem Buch unternommen wird:

»Neue Denkweisen stellen strengste Anforderungen an die Mitteilungsform, wendet sich doch der Inhalt an die innersten Ordnungsbestände des Bewußtseins. Die führenden Vorstellungen und Begriffe müssen aber auch der Form nach all dessen entkleidet werden, was zu Fehlverbindungen oder vorzeitigem Beruhigtsein verleiten könnte. Unvermeidliche Fremdwörter, meist aus klassischen Sprachwurzeln entstanden, besitzen gegenüber den Wörtern lebender Sprachen eine ferngerückte, gleichsam kristallene Festigkeit. Das Wort der lebenden Sprache ist je nach den Gebrauchsfertigkeiten, die ihm anhaften, leichten Inhaltsschwankungen und Umfangsänderungen ausgesetzt. Auch Neubildung von Fremdwörtern ist an Neulandgrenzen unvermeidlich aus den gleichen logischen Gründen der klar durchgebildeten und nicht mehr so leicht veränderlichen Wortwurzeln. . .

Es gewährt einen tiefen Einblick in die Ordnungsfunktion des menschlichen Geistes, wenn man das feine Tastvermögen beachtet, mit dem in Religionen, in ethischen Systemen, Sitten und Gebräuchen und in den Rechtsformen der immer gesteigerten Differenzierung der Menschheit nach zweierlei Triebrichtungen der Zeugung Rechnung getragen ist: Der Erbgutübertragung durch diffuse Zuchtwahl (wie in der Tierwelt die Regel) entspricht die Polygamie mit ihren Ausläufern, der sekundären Polyandrie und der Polygynie; ihr entsprechen die Exogamie, die Sitten des Brautraubs, des Hetärismus, der Weibergemeinschaft und der Gemeinschaftsehen. Der typisch-elektiven Zeugung dagegen nähern sich die Eheformen, die Polygamie beschränken, und jene Rechtsformen, die zwischen Gattin und Kebsweibern unterscheiden, zum Beispiel in gewisser Entrechtung der Nachkommenschaft der letzteren. Die typisch-elektive Zeugung findet ihre wahre Form in der Monogamie; sie erreicht ihre plasmaschädigende Überspitzung in der Geschwisterehe (wie etwa im Pharaonenstand des alten Ägypten). Gegen diesen Trieb wirken religiöse Bestimmungen, Beschränkungsgesetze und sittliches Erleben, etwa in Gestalt der Blutschande...

Beide Triebrichtungen können im Einzelwesen, wenn sie zur naturgemäßen Befriedigung gelangen, d. h. in der Gattenwahl zusammentreffend ihre Lösung finden, zu höchsten Glücksgefühlen veranlassen; bleiben sie dagegen ganz oder teilweise gehemmt, zu erschütternden Leidenschaften und zermürbenden inneren Konflikten. Liebeslust und Liebesleid, Gattenglück und Gattenelend haben in diesen weit abgestuften Möglichkeiten ehelicher Gefühls- und Triebgrundlagen ihre biologischen Wurzeln, hier fließen die stärksten Adern des Gefühlslebens der Menschheit...

Je nachdem eine Gesellschaft funktional ausdifferenziert ist, geht sie von der Vorherrschaft der diffusen Zeugung zur typisch-elektiven Zeugung, von der Polygamie zur Monogamie über. Aber auch innerhalb eines Volkes kann sich je nach Differenzierungsstufe seiner sozialen Schichten eine Zeugungsdifferenzierung ausbilden und zu religiös-ethischen Ordnungen gelangen. Bei den Ägyptern war unter dem Volke beschränkte Polygamie, in der Priesterkaste Monogamie, bei den Fürsten Geschwisterehe zu beobachten. Die gesellschaftlichen Beschränkungen und Rechtsbräuche einer ›standesgemäßen‹ Ehe sind biologisch auf typisch-elektive Zeugungstriebe zurückzuführen. Aber auch jene letzte Erneuerungsreaktion, die dem überreifen Blute bleibt, nämlich das Durchbrechen des typisch-elektiven in den diffusen Zeugungstrieb, wie in der klassischen sogenannten Mésalliance, bestätigt nur die naturgesetzliche Wirkung der beiden Triebrichtungen. Ein Gegenstück dazu bilden die harten Strafen, die ein Paar erleiden kann, wenn es sich innerhalb einer primären Horde (z. B. bei den Uraustraliern) durch Flucht der diffusen Zeugungsgemeinschaft entzieht...

Die Beleuchtung dieser äußersten Erscheinungen führt erst zur richtigen biologischen Einschätzung der Monogamie. In ihr ist keineswegs eine extreme Individuationsform zu erblicken. Vielmehr entspricht sie, als am weitesten ausdifferenzierter Form der Zeugung, der funktionalen Individuation vor allem der weißen Rasse... Die Meinung, daß Monogamie ein Triumph der Frau sei über vorwiegend diffuse Zeugungstriebe des Mannes, ist ein Irrtum. Vielmehr sind diese durch den typisch-elektiven Zwang in Schach gehalten, weil gerade der Mann weit mehr als die Frau Funktionsexponent der sozialen Differenzierung ist... Gerade der Mann drängt zur Monogamie, weil er den differenzierten Typ durchzusetzen hat.«

Wir beschließen unsere überaus fragmentarische Kolbenheyer-Erinnerung und damit unsere diesem Kapitel zugehörigen Überlegungen, indem wir noch einige Stellen aus einem dichterischen Gespräch über die Ethik der *Bauhütte* zitieren:

»Das Zufallsspiel der Natur zu begreifen, das im Augenblick der zeugenden Befruchtung ein Schicksal wird, und dieses Schicksal am eigenen Leben zu entwickeln, das lockt den Selbstbeobachter. In der Liebesbegegnung der beiden elterlichen Organismen stürzen zwei Erbwelten ineinander, die Jahrmillionen des Daseinskampfes und der Daseinslust fortwirkend in sich tragen. Allein so richtig es ist, daß dein Organismus aus einer Zelle entstehen mußte, auch du also ein Einzeller gewesen bist, der jetzt aus Myriaden Zellen lebt, so tröstlich ist es angesichts der Ungeheuerlichkeit deiner Erbbedingungen, daß in ebendiesen Jahrmillionen von der Unzahl deiner Ahnen der harte Daseinskampf anpassender Differenzierung vorgeleistet werden mußte, der die Weite dieser Erbgänge immer enger einzugrenzen vermocht hat. Nur das ist lebendig geblieben, was unumgängliche Stufe zu ihm war, deinem Menschentum nämlich. Welch eine Wucht des Ausscheidungs- und Beharrungskampfes über Jahrmillionen hin. . . In diesem Gedanken liegt ein Ethos, das über alles Religiöse noch hinausgreift. Ist doch dein Organismus ein Zeugnis eines Daseinskampfes um den Bestand des Lebens selbst. In der Begegnung aber, die sich jenseits des Wollens triebhaft ereignet, liegt das Urbedingte aller Liebe. Hier ist zu suchen und zu finden, was in aller Welt dein Anteil am Leben ist, dein Wert und Sinn:

Aus tiefem Born bist du geboren,
Von Urwelt her lebt deine Welt.
Erstirb, an keinen Tod verloren,
Brücke sei, Weg du und Feld.
Über dich hin, durch dich muß gehn,
Was Frucht vom Baum wird fallen sehn,
Selber nur Fleisch und Kern,
Gesät auf den rollenden Stern.«

Kapitel 6

ARIADNE, MEDEA, ELEKTRA, IPHIGENIE UND LEONORE ODER: DIE FRAU IN DER KUNST

Durch Würde und Anmut allein
Herrschet und herrsche das Weib.
Friedrich Schiller

Die im Titel dieses Kapitels angeführten Namen benennen in fast willkürlicher Auswahl unvergängliche Frauengestalten, die, mit Ausnahme der letzten, der griechischen Mythologie entsprangen, von der die europäische Literatur einst ihren Ausgang genommen hat. Die Figur der Leonore dagegen hat sich als das ›Hohelied der Gattentreue‹ in Beethovens einziger Oper *Fidelio* in die Herzen vieler Generationen gegraben. Die antiken Dichtungen haben im Gefolge auch die übrigen Kunstgattungen in ihren Bann gezogen, Bildhauerei, Malerei, Musik, und zu fortwährender Auseinandersetzung buchstäblich über Jahrtausende angeregt. Dies bezeugen die großen europäischen Museen, Sprechbühnen und Musiktheater bis in die Gegenwart. Die genannten Frauencharaktere stehen überdies, losgelöst von ihrer ursprünglich lyrisch-dramatischen Vorlage, im Mittelpunkt des musikdramatischen Schaffens bedeutendster Komponisten, das heute noch zum eisernen Repertoire der Opernhäuser gehört: Monteverdi, Gluck, Cherubini, Beethoven, Richard Strauß. Kurzum, sie gehören zu den großen Menschengestalten, ohne welche die Reifung europäischer Kunst, Bildung und Gesittung nicht zu denken gewesen wäre.

Jemand, der angesichts dieser weiblichen Ahnenreihe eine wie immer geartete Gleichheit der Geschlechter postulieren wollte – Gleichheit nicht nur in psychischer, sondern auch in geistig-schöpferischer Hinsicht –, der (oder die) müßte nun folgerichtig, ja geradezu zwingend auf diese Frage verfallen: Warum hat es in zweitausend Jahren nicht eine einzige Frau gegeben, die vermocht oder auch nur versucht hätte, ihrem eigenen Geschlecht Denkmäler wie jene von Männern geschaffenen Frauenbilder zu errichten? Mit dieser Frage führen wir das Skalpell unserer Untersuchungen voller Risikobewußtsein, aber unerschrocken –, an ein Gebiet, wo möglicherweise noch mehr Nerven freiliegen als anderswo. Das hätte seinen Grund unter anderem darin, daß in der teilweise ja auf bodenlosem Niveau geführten öffentlichen Debatte offenbar immer wieder von einer im Ansatz falschen Scheinfrage ausgegangen wird; natürlich in der manipulativen Absicht, Probleme da zu entdecken, wo sie weder sind, noch hingehören, um sie dann durch missionarischen Eifer und viel Bewußtseinsveränderung heilen zu können. Zu diesen Scheinfragen gehört die, was es denn mit dem sogenannten ›starken und schwachen‹ Geschlecht auf sich habe und welcher Rattenschwanz an Benachteiligungen für das schwache, natürlich die Frau, aus dieser Differenzierung erwachsen sei, die es zu beseitigen gelte.

Die Frage ist, wie bereits im vorhergehenden Kapitel gesagt, im Ansatz falsch und, wie auszuführen sein wird, intellektuell ebenso primitiv wie verlogen. Sie ist auch keineswegs mit dem immer wieder angeführten Argument beantwortet, die Bevormundung und geistige Knebelung der Frau in der patriarchalischen Gesellschaftsordnung, ihre Beschränkung auf die drei großen ›K‹ – Kinder, Kirche und Küche – hätten ihr nicht gestattet, in ihr ruhende schöpferische Impulse zu entfalten. Die Frau hat solche vielmehr immer, unter allen Beschränkungen (die übrigens nicht sie allein betrafen), zu entfalten gewußt, von der Irmengard vom Chiemsee, Hildegard von Bingen und Roswitha von Gandersheim vor tausend Jahren bis zu dichterischen Talenten wie Annette von Droste-Hülshoff und Ricarda Huch, ferner weltbekannten Bestseller-Autorinnen wie Pearl S. Buck oder Margaret Mitchell. Auch wurde seit dem Mittelalter, verstärkt von der Epoche der Renaissance über Aufklärung und Biedermeier bis zum Bürgertum des 19. Jahrhunderts, größter gesellschaftlicher und erzieherischer Wert auf musische Betätigung der Mädchen und heranwachsenden Frauen gelegt, viel mehr als beim männlichen Nachwuchs. Andererseits: Wie viele Lebensbeschreibungen bedeutender Männer aller Geistesrichtungen fangen etwa so an: geboren als sechstes Kind armer Eltern usw. Weder rein ökonomische noch gesellschaftliche Wirkungen haben in der Geschichte je den Durchbruch wahren Genies verhindern können. Was ist es also mit dem so augenfällig benachteiligten Geschlecht der Frau, wenn man recht beflissen und oberflächlich, stets den bewußtseinsändernden Zweck im Auge, hinschaut?

Um diese Gretchentrage einmal auf sachliche Grundlagen zurückzuführen, wollen wir das Feld der Musik, als dem weiblichen Geschlecht sicherlich besonders nahestehend, beispielhaft in Betracht ziehen. Es kann sich dabei nur um einen Versuch handeln, dem nicht jedermann/jedefrau sich anzuschließen braucht, der aber einen Vorzug für sich in Anspruch nehmen darf, nämlich aufbauen statt zerstörend anzusetzen.

In der Mitte des 19. Jahrhunderts schrieb Anton Rubinstein, der russische Klaviervirtuose, Pädagoge und Schriftsteller, in seinem Aufsatz *Musik und ihre Meister* folgendes: »Es ist ein Geheimnis, warum gerade die Musik, als edelstes, schönstes, sensibelstes Produkt menschlichen Gefühlslebens und Schöpfertums, der Frau, die sich selbst doch gerade durch diese Qualitäten auszeichnet, so merkwürdig unzugänglich geblieben ist.« Dieses Geheimnis, wenn es eines wäre, bestünde bis heute fort. Gewiß gab und gibt es große, weltberühmte Sängerinnen, aber schon wirklich große Instrumentalistinnen, wie in unserer Zeit etwa Anne-Sophie Mutter und Mitsuoko Uchida, gehören eher zu den Ausnahmen. Soziale und wirtschaftliche Beschränkungen früherer Zeiten können für diesen Mangel, wenn es denn einer sein sollte, nicht allein verantwortlich gemacht werden, wie wir bereits gesehen haben.

Man hat sich im allgemeinen damit abgefunden, daß das Schöpferische in der Kunst, auch der Musik, männlich sei; die ebenfalls durchaus der schöpferischen Sphäre zugehörige interpretierende Ausführung und die mehr passive Rezeption aber, das Genießen und die Bewertung von Musik einschließlich der Qualität ihrer Ausführung, vorzugsweise weiblich. Eine andere Theorie besagt, daß die Frau, da sie von Natur hochgradig emotional veranlagt sei, ein geringeres Bedürfnis verspürt, Gefühle in künstlerische Schaffensprozesse umzusetzen; die Gefühlswelt, gerade auch in ihren gehobenen ästhetischen Schichten, sei zu sehr Teil ihrer selbst, um energisch zu künstlerischer Äußerung zu drängen.

Der amerikanische Schriftsteller George Upton schrieb bereits im Jahre 1880 in seinem Werk *Die Frau in der Musik* hierzu: »Die Frau fühlt lebhaft den Gefühlsausdruck, die Macht und die Gesetzmäßigkeit der Musik, aber sie reagiert in anderer Weise auf sie als der Mann. Dieser sieht das strukturelle Geflecht dieser Elemente; er vermag sie in Noten umzusetzen, wie ein Maler die vor ihm liegende Landschaft reproduziert. Der Frau würde es wahrscheinlich ebenso schwer fallen, sie auszudrücken, wie sie rational zu erklären. Ihr Gefühlsleben in das Korsett musikalischer Gesetze zu schnüren, wäre so schwierig, wie wenn sie etwa ihre religiösen Auffassungen in Noten ausdrücken wollte. Der Mann kontrolliert seine Gefühle – erstes Erfordernis des schaffenden Künstlers – und kann sie ebendeshalb im Werk manifestieren. Bei der Frau dominieren sie, deshalb liegt ihre spezifische Stärke darin, Musik gewissermaßen zu ›absorbieren‹. Große Schauspielerinnen, von denen kaum je eine ein bedeutendes dramatisches Werk geschaffen hat, drücken in der meisterhaften Darstellung des Dramatischen vor allem sich selbst aus; die Behandlung dramatischer Gefühlskonstellationen nach der Methode der Mathematik, etwa ihre Einbindung in die Formgesetze der Harmonielehre und des Kontrapunkts, erscheint dagegen mehr als eine verstandesmäßig-technische Operation, die der gröber strukturierten, dabei zielstrebigeren Anlage des von seiner Inspiration besessenen Künstlers, als Mann, zu entsprechen scheint.«

Dieser Kommentar aus der Frühzeit der Psychoanalyse – eher einer ihrer Vorläufer – ist bis heute nicht widerlegt. Es scheint uns jedoch, als sei an der Komposition noch etwas mehr als die Fähigkeit, Emotionen in mathematische Strukturen aufzulösen. Hier zeigt sich übrigens ein weiteres bemerkenswertes Paradoxon: Frauen – offenbar nicht imstande, ihre Gefühle in angewandte Mathematik umzusetzen – sind von je her hervorragende Lehrerinnen dieser Kunst gewesen. Wir erinnern uns aus der ersten Hälfte dieses Jahrhunderts der legendären Nadja Boulanger vom Pariser Conservatoire, durch deren pädagogische Hände unzählige Musiker, schaffende wie ausübende, gegangen sind. Sie selbst hat eigene frühe Kompositionsversuche als »unnütze Musik« bezeichnet. Dabei war ihr Wissen um die Musik in ihrer Zeit unübertroffen. Warum konnte sie nicht wenigstens komponieren wie einige ihrer begabteren Schüler, etwa Darius Milhaud oder Aaron Copland? Auf diese Frage kann es – am Beispiel dieser Frau – nur die gleiche Antwort geben, die bereits für ihre prominente Kollegin aus dem 19. Jahrhundert galt, die Klaviervirtuosin Clara Schumann, Gattin des Komponisten Robert Schumann, die auch komponierte. Es fehlten bestimmte, aber offenbar entscheidende Fähigkeiten, die den Komponisten ausmachen. Sie verfügte nicht allein über alle erforderlichen technischen Voraussetzungen des musikalischen Handwerks im Überfluß, sondern nach eigenem Bezeugen auch über das künstlerische Wollen und hatte überdies reichliche professionelle Gelegenheit zu schöpferischer Entfaltung. Ihre denkwürdigen Leistungen indes erbrachte sie als Lehrerin, nicht durch ihre Kompositionen.

Dies fügt sich genau in das Muster Clara Schumanns, die in ihrer Zeit von der gesamten Musikwelt aufs höchste verehrt und gefeiert wurde – zum einen als die bedeutendste Pianistin des 19. Jahrhunderts, vor allem aber als die kongeniale Interpretin der epochalen Klavierwerke ihres abgöttisch geliebten, in Umnachtung geendeten Mannes Robert – nicht um ihrer vergessenen Werke willen.

Eine eher feuilletonistische Variante dieses Musters hat um die letzte Jahrhundertwende Alma Mahler geboten, die ihrer gepriesenen Schönheit sehr bewußte, um fast zwei Jahrzehnte jüngere Frau Gustav Mahlers. Im Schatten seiner gigantischen Entwürfe verfolgte auch sie kompositorische Bestrebungen, die im Vergleich der Dimensionen vielleicht eher der Miniatur zuzuordnen sein mochten. Alma wußte sich dem zeitgenössischen Wiener Kunstmilieu von Geburt verbunden und dabei vielfältig talentiert. Nach Mahlers frühem Tode scheint sie, wenn man ihrer eigenen Kolportage trauen darf, eher zum Typus der männerverschlingenden halbintellektuellen Klatschbase geraten zu sein.

Ihren Tagebuchaufzeichnungen hatte sie schon früh ihren Drang zu musikalischem Schöpfertum anvertraut. Der größte Seelenschmerz, den ihr ansonsten angehimmelter Gustav ihr bereits in seiner Zeit als Wiener Operndirektor bereitete, war sein striktes Verbot, musikalische Kompositionen in die Welt zu setzen. Möglicherweise fürchtete er um sein eigenes künstlerisches Ansehen – wer will die Motive dieses großgeistigen, übersensiblen Musikers und Mannes ausloten. Als Gustav Mahler im Jahre 1910, kurz nach einer psychotherapeutischen Behandlung durch Sigmund Freud, starb, war Alma gerade Anfang dreißig. Wer nun – etwa unter den ungestümen Anregungen ihrer neuen Wegbegleiter Oscar Kokoschka oder Walter Gropius – den vehementen Ausbruch so lange zurückgestauter kompositorischer Schaffenskraft bei Alma erwartet hätte, mußte sich getäuscht sehen. Ihre als Erinnerungsbuch um die Welt gehenden Tagebuchnotizen wiesen fortan keinerlei Spuren künstlerischer Motivation mehr auf – möglicherweise infolge eines Sublimationsprozesses oder ihrer Projektion auf die Männerwelt, an deren Ende einst der Schriftsteller Franz Werfel stehen sollte. Die Welt mußte weiterhin der musikalischen Schöpfungen Almas entraten. Der in die Geschichte eingegangene, überdauernde Name des Genies blieb der Gustav Mahlers.

Wenn man nach dem Prinzip der Polarität, das wir im vorigen Kapitel erörtert haben, die männliche Energie als positiv und die weibliche als negativ definiert, so gilt es, sich davor zu hüten, damit eine Wertung zu verbinden; es sind damit lediglich die beiden Pole einer Gesamtheit bezeichnet. Auch die Tatsache, daß die positive (männliche) Energie stets mit Aktivität, Tatkraft gleichgesetzt wird, die negative (weibliche) aber mit aufnehmender Passivität, läßt ebenso wenig einen Hinweis auf Stärke oder Schwäche zu wie die Begriffe Tag und Nacht.

Ein Blick auf die östlichen Kulturen und Philosophien kann das Gesagte an den Symbolen Yin und Yang veranschaulichen. Dort geht man mit diesen Begriffen sehr viel selbstverständlicher und emotionsloser um. Beide in Yin und Yang, den weibliches und männliches Prinzip versinnbildlichenden Energien, sind in jedem Menschen vorhanden, lediglich die Anteile sind individuell verschieden. Yin: die weibliche, intuitive, nicht dimensionale Energie; Yang: die männliche, aktive, sichtbar gemachte Energie. Bringt eine Frau ihre weibliche Yin-Energie zum Ausdruck, nach außen, so tut sie dies mit ihrer männlichen Yang-Energie. Die Inspiration, aufgrund derer ein Mann vermittels seiner Yang-Energie literarische, musikalische oder auch technische Schöpfungen hervorbringt, das heißt nach außen sichtbar oder hörbar macht, ist seine Yin-Energie. Wie also wollte man die Vorgänge bewerten? Um im Bereich der Musik zu verweilen, gibt es da nur eine Formel, nämlich: die ›Frau‹ IST Musik, der ›Mann‹ MACHT Musik.

Jeder Mensch muß folglich versuchen, beide Energien in ausgeglichener Form in sich anzuerkennen und zu leben, diese Ausgeglichenheit nach außen, in seine Umgebung, seine Familie und damit in die Welt zu tragen. Das uralte Prinzip von Yin und Yang zeigt außerdem überdeutlich den Holzweg, auf dem die Bataillone des Feminismus in die Irre marschieren: Eine Feministin, die auf sich hält und mit Verbissenheit ihr Handwerk betreibt, das darin besteht, gegen ›den Mann‹ als das schlechthin Böse in dieser Welt zu wüten, wütet in Wahrheit gegen sich selbst. Sie usurpiert das männliche Prinzip insofern, als dieses, wie anderenorts in unseren Betrachtungen angedeutet, immer auch ein zerstörerisches Element enthält, eine Geneigtheit zu dem, was die alten Griechen Katharsis nannten, ein unzweifelhaft dem Yang zuzuordnender Aspekt: Sie bekämpft ihr eigenstes Yang.

Was aber sind nun die oben angedeuteten, auch den ganz großen weiblichen Begabungen in der Musik offenbar abgehenden Qualitäten, die den Komponisten ausmachen? Keine einfache Frage, aber wir wollen versuchen, sie wenigstens ansatzweise zu erklären. Viel ist in der anthropologischen und sozialbiologischen Literatur über die spezifischen Stärken und Schwächen der beiden Geschlechter, auch im Bereich künstlerischer Betätigung, vermutet worden. Sind männliche Wesen von Natur aus einfach begabter oder besser ausgestattet als weibliche? Sind ihre jeweiligen typischen Begabungsschwerpunkte, die sich überall und immer wieder bestätigt haben, biologisch bedingt? Beide Fragestellungen sind bei genauer Betrachtung eher zu verneinen; vielmehr scheinen manche Beobachtungen eher zugunsten des weiblichen Geschlechts zu sprechen, und zwar, wie Genbiologen nachgewiesen haben, bereits von der erblichen Chromosomenstruktur her, mit ihren spezifisch weiblichen und männlichen Charakteristiken, insbesondere den zweifach dotierten X- bzw. den nur einfach dotierten Y-Chromosomen, die von ausschlaggebender Bedeutung für die Struktur des entstehenden Individuums sind. Die im Vergleich mangelhaftere Dotierung der männlichen Y-Chromosomen erklärt beispielsweise das etwa zehnmal häufigere Vorkommen von Farbblindheit bei Männern, ebenso von Hämophilie. Infolgedessen besteht seitens der Medizin und der Biologie eher eine Einschätzung, wonach die Frau strukturell sogar über eine stärkere Konstitution, physische Widerstandskraft und emotionale Elastizität verfügt als der Mann.

Der Augenschein trügt: Der Mann ist im Durchschnitt zwar größer von Statur, hat einen kräftigeren Knochenbau, vielleicht eine weiter ausgreifende Phantasie und ein ausgeprägteres gedankliches Organisationsvermögen als die durchschnittliche Frau, möglicherweise im Zusammenhang mit seinem stärkeren Stoffwechsel oder chemischen Grundumsatz. Nichtsdestoweniger besteht aus biologischer Sicht eher Anlaß zum Erstaunen darüber, daß der Mann soviel besser komponiert. Man ist daher schließlich auf den Verdacht gekommen, die Begabung des Mannes zur musikalischen Komposition oder anderen Äußerungen künstlerischen Gestaltungstriebs entspringe nicht einer strukturellen Überlegenheit gegenüber der Frau, sondern vielmehr einem inneren Mangel oder Ungleichgewicht. Das Kennzeichen der Frau wäre dann etwa dem Klang der Stille vergleichbar, die so aufbauend wirkt nicht durch etwas Vorhandenes, sondern durch Nichtvorhandenes. Vielleicht sind wir hier auf eine Spur geraten, die der Lösung des Rätsels näherführt.

Im Lichte des vorher Gesagten sind Frauen in sich selbst das, was männliche Wesen in bevorzugten Einzelfällen allenfalls werden können – wie Rubinstein es indirekt ausdrückte: Frauen sind selbst Musik oder ihr vitales Gleichnis auf Erden. Ihre unvergleichbare Leistung liegt zum einen im Spenden neuen Lebens, und damit auch der Erweckung harrender Klänge, die in der Tiefe aller Ungeborenen schlummern. Hiervon kann das Wiegenlied, als schönster aller weiblichen Inspirationen, Zeugnis ablegen. Der Mann schafft, verändert, zerstört – die Frau ist; erschöpft von seinem Tun legt er sein Haupt in ihren Schoß. Die größten Kunstwerke der Menschheit aber entstanden dann, wenn dieser Schoß fehlte, wenn extreme Ausprägung künstlerischen Genies zusammentraf mit größtem Kompensationsbedürfnis, siehe Händel, Beethoven, Schubert oder Brahms im Bereich der Musik.

Bekanntlich äußert sich musikalisches Genie bereits früh und wenn, dann unveränderlich bei Knaben. Ein weibliches schöpferisches Wunderkind ist bisher nicht gesehen worden. Da es aber statistisch immer mehr Mädchen als Knaben gegeben hat und musikalische Unterweisung seit Jahrhunderten, wie wir sahen, bei diesen weiter verbreitet war als bei jenen, bleibt nur die Schlußfolgerung einer genetischen Ursache für die auffälligen Unterschiede in der Begabung der Geschlechter zur Komposition. Eine wirklich bedeutende Komponistin ist deshalb keineswegs von vornherein eine Unmöglichkeit, nur eben eine große Unwahrscheinlichkeit, wie die bisherige Erfahrung zeigt. Darüber hilft auch nicht die häufig gemachte Beobachtung hinweg, daß Schülerinnen zum Beispiel bei Intelligenztests in vieler Hinsicht, natürlich auch bedingt durch ihre schnellere Allgemeinentwicklung, besser abschneiden als ihre männlichen Altersgenossen; wohlgemerkt, mit zwei markanten Ausnahmen: mathematischen und technischen Fragen. Aber Frauen werden mit der Musik, als Sprache des Herzens verstanden, geboren; Männer, auch größte Musiker, müssen sie lernen. Wie oft, ja regelmäßig, hört man überdies die Versicherung bedeutender Männer in Wissenschaft, Kunst, Wirtschaft oder Politik, daß sie ihre besonderen Leistungen nur mit Hilfe und moralischem Beistand ihrer Frauen zustande bringen konnten. Dies gestattet den Schluß, daß es sich in solchen Fällen tatsächlich um Gemeinschaftsleistungen handelt, für die dann freilich nach außen der ›Fachmann‹ zeichnet. Na und – wer wollte hier eine Erbsenzählerei beginnen?

Und wie sieht es in praktischeren Bereichen des Lebens, abseits der hohen Künste, aus, zum Beispiel dort, wo man sich mit der Zubereitung von Nahrung oder Kleidung beschäftigt, ureigensten Wirkungsbereichen der Frau? Wo diese Tätigkeiten eine Stilisierung zur Kunst erfahren, bei den weltbekannten Meistern der Küche und der Haute Couture, herrschen wiederum (fast) ausschließlich Männer, von Bocuse bis Witzigmann, von Pierre Cardin bis Lagerfeld. Wenige weibliche Ausnahmen wie Jil Sander oder Coco Chanel – eine bereits klassische Figur – bestätigen auch hier, was die biologische Regel zu sein scheint. Trösten wir uns mit der gewonnenen Einsicht, daß im Licht der bipolaren Ordnung der Dinge kein Anstoß zu nehmen, ein Kriegsfall unter den Geschlechtern auch hier nicht zu begründen ist. Während das vierjährige Mädchen, ungeachtet etwaiger gesellschaftlicher Bewußtseinsänderungen bei seiner Mutter, weiterhin seine Puppe wiegt, baut der gleichaltrige Knabe Türme aus Bauklötzen, falls er sie heute noch geschenkt bekommt; sein größter Augenblick aber ist der, wenn er mit einem Tritt den stolzen Bau zum Einsturz bringen kann – die schöpferische Katastrophe oder auch Katharsis. Aber auch hierin drückt sich nicht ein Konflikt der Geschlechter aus, sondern ihr Zusammenspiel: wie Bogen und Leier.

Kapitel 6

DAS DESINFORMATIONS-ZEITALTER

Und es werden sich viele falsche Propheten
erheben und werden Viele verführen;
und dieweil die Ungerechtigkeit
wird überhand nehmen,
wird die Liebe in Vielen erkalten.

Matthäus 24, 11–12.

Ein Fall angewandter Chaostheorie

Der Kreis der Beobachtungen, den wir in den vorangegangenen Kapiteln abgeschritten haben, hat uns vor Augen geführt, wo die mächtigste Triebfeder und damit die Hauptursache der ins Auge fallenden gesellschaftlichen Verfallserscheinungen unserer Zeit zu orten ist: in einer zu unergründlicher Vollendung und Perfidie gediehenen Universalwaffe, der Desinformation. Diese Waffe und die mit ihrer Hilfe geleistete mentale Deformation und Verwirrung der Geister im Wege der Begriffskorrumpierung aber hat zu Urhebern und Nutznießern – wir sahen das schon im ersten Kapitel – zugleich das immer noch einflußreiche, unbeirrt sozialistische Spektrum unserer politischen Repräsentanz sowie das mit ihm verknüpfte Medienkartell als strategische Zweckgemeinschaft. Ihr weltweit operierender Generalstab hat sich, wie wir sahen, die Atomisierung der menschlichen Gesellschaft und, als notwendige einleitende Maßnahme, die Zertrümmerung der Institution der Familie zum Ziel, als geographisches Hauptoperationsfeld aber nicht ohne Grund Deutschland erkoren. Die nächste Etappe dieses Programms wäre dann eine Übergangsphase der Anarchie, die durch massive Wirtschaftskrisen, wie sie bei ablenkungsfreiem ›weiter so! › für das 21. Jahrhundert zweifelsfrei vorgezeichnet sind, die erwünschte Förderung erfahren soll. Anarchie in vielfältigen Formen, mit allen Mitteln herbeigeredet und am Ende herbeigeführt, deren vergleichsweise noch harmlose Vorspiele wir bereits heute beobachten können. So etwa im einst konservativen Niedersachsen, deren heute amtierende rot-grüne Regierung für ruinöse Castor-Transporte, Gorleben-Krawalle und Punker-Bürgerkrieg – amtlich als ›Chaos-Tage‹ tituliert – in der Landeshauptstadt Hannover ›geradesteht‹. Dies geschieht auf Kosten ihrer buchstäblich durch den Kakao gezogenen, offenbar grenzenlos leidensfähigen Wähler und Steuerzahler.

Es ist offensichtlich: Der Leidensdruck muß noch erheblich über das gegenwärtig erreichte Maß ansteigen, bevor denjenigen Wählern, die überhaupt noch bereit sind mitzumachen, vielleicht doch endlich ein Licht über die Herkunft der in ihren Gemeinden herrschenden Zustände aufgeht. Die Phase der voll entfalteten Anarchie – so die Rechnung unserer vereinigten Linken – bietet dann jenen multikulturell durchdüngten Boden, auf dem das vorläufig endgültige Modell sozialistischer Diktatur, vielleicht von einer unerfahrenen Generation erneut als Befreierin begrüßt, ihre universelle Herrschaft errichten kann. Dieses neue Modell aber könnte in mancherlei qualitativer Hinsicht alle seine Vorgänger in den Schatten stellen. Damit hat sich die Strategie des nur vordergründig gescheiterten Sozialismus von der Ebene rein macht- und militärpolitischer Erpressung, als der früher geltenden geostrategischen Konzeption, stärker auf die zivile Ebene, unter Einschluß des Privatlebens aller Bürger, verlagert. Den überwölbenden Bogen, der beide Konzepte des internationalen Sozialismus gleichermaßen abdeckt, liefert dabei unveränderlich die bekannte Ideologie aller Zukurzgekommenen. Das alles ummäntelnde Stichwort auch der hier vorhergesagten Entwicklungen wird, wie gehabt, ›Demokratie‹ heißen.

Hier regiert nun nicht mehr der blanke, brutale Militarismus bolschewistischen Musters, sondern statt seiner der mal subtile, mal schwadronierende Appell an jedermanns Minderwertigkeitskomplex: Kinder gegen Eltern, Gewerkschafter gegen Arbeitgeber, Sozialisten gegen Kapitalisten, sogenannte Fortschrittler gegen Konservative, Multikultur gegen Kultur, links gegen rechts, vor allem aber: Frauen gegen Männer. »Mehr Demokratie wagen« nannte man die Vorstufe dieses Konzepts vor nicht langer Zeit in Deutschland. Die qualitativ runderneuerte Version sozialistischer Agitation also soll am Ende der mit allen Mitteln psychologischer Bürgerkriegsführung, ›politischer Korrektheit‹ und erprobter Desinformation herbeigeführten Anarchie stehen. (Wir können dem Schlüsselbegriff der hier angeklungenen politischen Korrektheit oder, seiner amerikanischen Herkunft entsprechend, ›political correctness‹, als einem ebenso aufschlußreichen wie heimtückischen Phänomen der ideologischen Korrumpierung, hier keinen größeren Raum gewähren. Wir verweisen darum auf das weiterführende, im selben Verlag erschienene Werk: Gerhard Detlefs, *Die Pervertierung der Meinungsfreiheit.Der Schleichweg in die Gesinnungsdiktatur*, 1995.)

Unser Interesse richtet sich im Folgenden auf die nähere Erörterung der zentralen Rolle und Verfahrensweise der Desinformation, als dem spektakulärsten Anwendungsfall politischer und geistiger Korrumpierung in unserer Zeit. Sie nämlich hat den mentalen Entgleisungen unserer Gesellschaft, die wir in den vorangegangenen Kapiteln zu beklagen hatten, erst den Boden bereitet. Eine ausführliche Behandlung ist daher im Rahmen unseres Themas unerläßlich.

Information und Desinformation

Das 20. Jahrhundert, jedenfalls seine zweite Hälfte, ist oft als das Informationszeitalter bezeichnet worden. Auf diese Kuriosität sind wir schon früher zu sprechen gekommen. Diese Charakterisierung kann stets mit breitester, dabei auch selbstgefälliger Zustimmung rechnen. In der Tat hat seit der Mitte unseres Jahrhunderts eine im wahren Sinne des Wortes blendende, von Jahr zu Jahr rasantere informationstechnische Entwicklung stattgefunden, deren Ende nicht abzusehen ist. In stets rascherer Folge lösen Systemgenerationen einander ab, wiederholt in Gestalt echter Qualitätssprünge, bis hin zur Vision intelligenter Rechner.

Wir müssen uns im Rahmen dieses Buches versagen, auf diese faszinierende Entwicklung näher einzugehen, zumal deren Ergebnisse als technische Erzeugnisse jeder Preis- und Leistungsklasse vor aller Augen liegen. Im Zusammenhang unseres Themas haben wir jedoch Anlaß, den Begriff des Informationszeitalters, in dessen Einflußsphäre wir ja alle leben, eingehender auf seinen tatsächlichen Gehalt zu untersuchen. Hierbei fallen sogleich jene alarmierenden Gegensätze ins Auge, die bereits im Eingangskapitel angesprochen wurden.

Einerseits beeindruckt das von der Informationstechnologie in allen ihren Varianten bereitgestellte Informationspotential. Das Spektrum der Anwendungen umfaßt mittlerweile praktisch jeden Lebensbereich: Verwaltung und Statistik, Naturwissenschaften und Ingenieurwesen, Produktions- und Absatzsteuerung, Biologie und Medizin, Presse, Rundfunk und Fernsehen, Banken und Versicherungswirtschaft und selbstverständlich alle Gebiete der Volks- und Betriebswirtschaft. In der Summe handelt es sich hier nicht nur um rein Quantitatives im Sinne bloßen Datenbankwissens; vielmehr ist inzwischen auch etwas Qualitatives hinzugetreten: menschliche

Kreativität und wissenschaftliches Erkenntnisvermögen in Grenzbereichen, die früheren Epochen für alle Zeiten unzugänglich erschienen wären.

Auf der anderen Seite bemerken wir jene, im Vergleich zu ebendiesen früheren Epochen unserer Zivilisation, umfassende Orientierungslosigkeit des heutigen Durchschnittsmenschen, vereinsamt in der Masse, kontaktarm und neurotisch, und im Zugriff unseres sogenannten Gesundheitswesens kränker als je eine Generation zuvor. Das objektiv abrufbare Wissenspotential unserer Zeit sich anzuverwandeln im Sinne tieferen Wissens, nämlich des Urteils- und Orientierungsvermögens, fehlt ihm das angeborene ebenso wie das anerzogene Bedürfnis. Teilnahmslos verweigert er die Kenntnisnahme von geistigen Prozessen, deren Aufgabe es sein sollte, das Bewußtsein unserer Gesellschaft zu prägen.

Wie erklärt sich dieses folgenreiche, tragisch zu nennende Mißverhältnis von objektiv verfügbarem, dazu exponentiell wachsendem Wissen und subjektivem Orientierungsverlust und Bildungsverfall bis zu totaler Verflachung der sozialen Massen bzw. der konstituierenden Überzahl ihrer Individuen? Einen wenigstens partiellen Lösungsansatz zu dieser Frage könnte der Terminus ›Redundanz‹ aus der Fachsprache der Informatik bieten. In etwas eingeschränkter und vereinfachender Übertragung auf die Verhältnisse des ›Mannes auf der Straße‹ und seiner Probleme könnte er etwa besagen, daß zwar jedermann eine gewissermaßen unendliche Menge an Information zugänglich ist; aber nur ausnahmsweise einmal das vergleichsweise winzige Quantum, das der Einzelne gerade benötigt. Ein namhafter Informatiker beantwortete die Frage, wieviel der gigantischen, weltweit installierten Rechnerkapazität seiner Meinung nach wirtschaftlich sinnvoll genutzt werde, mit »etwa 10 %«. Die vielgerühmten Datenautobahnen treiben diese Tendenz ins Uferlose. Man berücksichtige: Hier handelt es sich um die Nutzung seitens der Anwender, die ungeheure Beträge knappen Geldes in diese Kapazität investiert haben! Informatik und Aufklärung begegnen sich somit einmal im verzweifelten Ausspruch von Goethes *Faust*:

»Was man *nicht* weiß,
Das eben brauchte man,
Und was man weiß,
Kann man nicht brauchen!«

Gehen wir indessen einmal von der ›Information‹ als industriell hergestelltem Stapelerzeugnis, gewissermaßen zweckbestimmter Ware, aus. Wir sehen hier zunächst den quantitativen Aspekt: ein monströses Volumen gespeicherter Zahlen in binärer Kodierung und theoretisch unbegrenzten Verknüpfungsmöglichkeiten für Anwendungen und Auswertungen jeder denkbaren Art. Gehen wir einen – aus anthropologischer Sicht – entscheidenden Schritt weiter in Richtung qualitativer Information, beispielsweise bei der täglichen Nachrichtenproduktion der Medien, so fallen im Vergleich mit der quantitativen Zahleninformation (die natürlich auch Irrtümern oder Fälschungen unterliegen kann, wie das geflügelte Wort über die Statistik bestätigt), zwei grundsätzliche Unterschiede auf: Zum einen bewegen wir uns bei der qualitativen Information in der Welt sprachlicher Begriffe; qualitative Information ist unlösbar an den von Generation zu Generation weitergegebenen und -entwickelten Sprachschatz gebunden, jenen feinster Nuancierung des Inhalts und Ausdrucks fähigen Kosmos der Begriffe als dem womöglich kostbarsten Erbe eines jeden Volkes. Der Rang etwa der Académie Française oder unserer deutschen Dichter und Denker bis etwa zur Mitte unseres Jahrhunderts in der Wertung der Menschen und der Kulturgeschichte gleichermaßen rührte vor allem von ihren bleibenden Leistungen in der Sichtung, Klärung und schließlichen Kodifizierung des ungeheuren Reichtums ihrer jeweiligen sprachlichen Überlieferung her; der Begriffe und ihrer syntaktischen Verbindungen. Das intensive Studium der lateinischen wie auch der französischen Sprache, ob der brillanten logischen Folgerichtigkeit ihres Satzbaus und der Plastizität und kristallenen Klarheit ihrer Begriffe, gehörte darum aus gutem Grund jahrhundertelang, bis etwa zur Mitte unseres Jahrhunderts, zur Grundvoraussetzung des Erwerbs von ›Bildung‹ in ihrem nicht bloß überlieferten, sondern auf Dauer gültigen, kreativen Sinn oder ›Begriff‹, nämlich dem des erworbenen Urteilsvermögens und der Ausdrucksfähigkeit.

Zum anderen muß eine heute jedermann geläufige Kritik an dem verletzlichsten Punkt der Begriffe ansetzen: ihrer Manipulierbarkeit bis hin zur Verkehrung in das Gegenteil ihres ursprünglichen Inhalts. Gehen wir ohne unangebrachte Umschweife zur Feststellung über, daß sich hier das universale Tummelfeld des Politik- und des Medienidioms mit leider umfassender Wirkung aufgetan hat. Manipulation klar definierter, über Generationen im Wege organischer Durchbildung festgelegter Begriffe, ob mit oder ohne Beteiligung des Bewußtseins oder unheiliger Absichten seitens der Manipulierer, braucht Zeit. Friedrich Nietzsche ergrimmte bereits vor 150 Jahren: noch drei Generationen Journalismus, und die deutsche Sprache sei zum Teufel. Ihm wurde die Gnade zuteil, eine philologische Rundschau in unserer Gegenwartspresse nicht erleben zu müssen. Man bedenke, daß noch die Journalistengeneration um Nietzsche Namen wie Theodor Fontane, Alfred Kerr und Heinrich Mann aufzuweisen hatte. Natürlich gibt es, gottlob, auch heute noch vereinzelte vorzügliche Autoren in den wenigen übriggebliebenen Traditionsinseln der deutschen Presse; im Unterschied zu den Vorgenannten erreichen sie jedoch nicht die Mehrzahl, sondern eine zahlenmäßig unbedeutende Minderheit von Zeitungslesern, deren politischer Aktionsradius, gegenüber der Überzahl unkritischer, oftmals argloser Massenkonsumenten veröffentlicher Meinung, kaum ins Gewicht fällt. Bei Wahlen zählt, am Ende, bekanntlich jede Stimme gleich.

Manipulation braucht Zeit, wie gesagt, und wir können am Ausgang des 20. Jahrhunderts anhand von mindestens vier Jahrzehnten empirischer Beobachtung feststellen, daß die Sprache unserer Mütter und Väter – unsere Muttersprache! – sich auf einem fast unumkehrbaren Wege der Verrottung befindet. Ebendieses Klima aber der Begriffsverhunzung, der sprachlichen Verlotterung ist jenen dienlich, die, schubweise und von allzu vielen unbemerkt, bestimmte gesellschaftliche Desorientierungen planvoll erzeugen, um die politische Machteroberung von Kreisen, die in einem begrifflich wie ethisch intakten gesellschaftlichen Medium chancenlos wären, voranzutreiben.

Wenn in der Nachfolge Nietzsches der große spanische Philosoph unseres Jahrhunderts, José Ortega y Gasset, den wir bereits zitiert haben, in den zwanziger Jahren schrieb, das wichtigste Handwerkszeug des Politikers sei die Lüge, so brachte er nur eine weltweit unbestrittene Tatsache auf den Punkt. Das politische Objekt, der demokratische Wähler, sollte sich dessen auch bewußt sein, kraft schlichten Urteilsvermögens und nachhaltiger Erfahrung. Der den deutschen Bundestagswahlkampf 1982 begleitende Transparentspruch des Deutschen Gewerkschaftsbundes »Mehr Geld – weniger Arbeit« unter der aufgehenden Sonne der 35-Stunden-Woche läßt an solcher Kritikfähigkeit des Wahlbürgers Zweifel aufkommen. Diese Losung war sicherlich nicht ohne sorgfältige wahlpsychologische Voruntersuchungen formuliert worden; unsere Großväter hätten sie als das entlarvt, was sie ist: dumm und verlogen.

Da demnach die Verlogenheit integrierender Bestandteil des politischen Geschäfts ist und insbesondere im parlamentarischen System mit seinem vierjährigen

Wahlturnus wohl sein muß, könnte man hier vielleicht mildernde Maßstäbe anwenden insofern, als jeder Wähler die Möglichkeit und darüber hinaus die Bürgerpflicht hätte, sich aus eigener Initiative um Kenntnis der Tatsachen und Zusammenhänge zu bemühen, um gegen die offenbare Hirnlosigkeit der meisten Wahlsprüche gefeit zu sein.

Anders verhält es sich hingegen bei der Beurteilung der Wirkung der Medien: Presse, Fernsehen und Rundfunk, also der nicht unzutreffend so genannten ›veröffentlichten Meinung‹. Nach ihrem selbstgewählten und unermüdlich propagierten Ethos wollen die Medien ja *informieren*, und erst an entfernt zweiter Stelle wohl auch einmal ›Meinung machen‹, das heißt Stimmungen für oder gegen etwas erzeugen.

Im Journalismus überlieferter Prägung galt die strenge Trennung von Nachricht und Kommentar als Grundlage des Handwerks; der gebildete Leser wußte beide wohl zu unterscheiden und, mit etwas Glück, sich ein Urteil über einen politischen, wirtschaftlichen oder juristischen Vorgang zu bilden. In der Zeit vor dem Ersten Weltkrieg hatte zum Beispiel der damalige Chefredakteur der angesehenen *Leipziger Volkszeitung*, Franz Mehring, ein deutscher Sozialdemokrat Bebelschen Formats und beiläufig einer der besten Sprachkenner und Stilisten seiner Zeit, es sich und seinen Mitarbeitern zur Aufgabe gemacht, schon damals auftretenden Tendenzen zur ›Modernisierung‹ in einem wachsenden Teil der deutschen Presse zu widerstehen. Diese Modernisierungsneigung wurde bereits seit der Jahrhundertwende als ›Amerikanisierung‹ ansatzweise erkennbar und auch so bezeichnet. Die Dinge lagen damals aber noch so, daß diese auch von vielen Facharbeitern im Abonnement bezogene Zeitung die Konkurrenz billiger Massenblätter amerikanischen Stils nicht zu fürchten hatte, obwohl man in der *LVZ* vergeblich eine Schlagzeile oder einen

Titel über mehr als eine Spalte gesucht hätte. Mehring ging so weit, daß er seinen Redakteuren formell untersagte, auch nur ein Wort durch Fettdruck oder Sperrung hervorzuheben. Das galt für ihn als »Sensationshascherei«, die nur geeignet war, den Leser vom Sinn des ganzen Satzes abzulenken. Die Kunst des Journalisten bestehe darin, so zu schreiben, daß Inhalt und Form eines Satzes selber klarmachen müssen, was daran wichtig sei.

Das ist nun bald ein Jahrhundert her. Ein Blick nicht nur in *Bild* und *TAZ*, sondern den überwiegenden, nach der Auflagenhöhe sogar erdrückenden Teil der Tagespresse zeigt uns in Minutenschnelle, wohin es der deutsche Journalismus in nur zwei Generationen gebracht hat – in inniger Verbundenheit mit seinem Millionenpublikum: Sprachverrohung, Begriffsvergewaltigung und Meinungsmanipulation epochalen Ausmaßes: die Verwirklichung der apokalyptischen Vision Nietzsches.

Großes Vorbild, wie bei vielen anderen Erscheinungen im Nachkriegsdeutschland, war auch hier sicherlich Amerika, dessen Jargon nicht nur auf das besetzte Deutschland, sondern auch auf andere europäische Länder, die zu den Siegern des Zweiten Weltkrieges gehörten, abfärbte; nicht zuletzt das sprachverwandte England. Hier wurde zum Beispiel bereits 1946 eine mit allen Vollmachten ausgestattete Regierungskommission, das Royal Committee, eingesetzt, um die Auswirkungen der amerikanischen Pressekultur einerseits auf die Qualitätspresse, andererseits die sogenannte ›populäre Presse‹ England zu untersuchen.

Der Kommissionsbericht zitiert den damaligen englischen Pressezaren, Lord Northcliffe, wie folgt: »Gefährlich ist es, dem Leser nicht das zu bieten, was er wünscht; noch gefährlicher, ihm das zu bieten, was er nicht wünscht.« Die Schlußfolgerung des umfangreich dokumentierten, jedoch bewußt vorsichtig formulierten Kommissionsberichts lautete nüchtern: »Die Übernahme amerikanischer Methoden, in einem Pionierland für ein gestaltloses Publikum erfunden, durch unsere Presse ist zwar eine Absurdität, hat sich aber nichtsdestoweniger durchgesetzt.«

Sir Normal Angell, ein Journalist in der großen britischen Pressetradition, gab ebenfalls um 1950 seine persönliche Erfahrung wie folgt kund: »Im Verlauf eines halben Jahrhunderts habe ich erlebt, wie große Vermögen verpulvert wurden in vergeblichen Versuchen, ernsthafte Zeitungen vom Typ des *Guardian* oder der *New York Times* rentabel zu erhalten; während der gleichen Zeit aber war ich Zeuge, wie ungeheure Vermögen zusammengerafft wurden durch die Herstellung von Regenbogenblättern, die sich auf Banalität, Skandal, Sensation und Pornographie spezialisierten.«

Ein amerikanischer Universitätsprofessor für Pädagogik, gleichzeitig als Mediengutachter tätig, zeigt um dieselbe Zeit auch einen ökologischen Aspekt auf: »Der weitaus größte Teil des verarbeiteten Holzes unserer zerstörten Wälder liefert Papier für Reklametexte und -bilder. Zählt man die tägliche Dosis an Sportreportagen und die wöchentliche an comicstrips hinzu, dann bleibt für ernsthafte Dinge recht wenig Papier übrig. . . Die größte wissenschaftliche Verlagsanstalt der Vereinigten Staaten, Columbia University Press, verbrauchte in den vergangenen 15 Jahren etwa die gleiche Papiermenge wie eine einzige kürzlich erschienene Sondernummer von 285 Seiten einer unserer populären Frauenzeitschriften, die in vielmillionenstarker Auflage auf den Markt geworfen wurde.« Der Referent versäumte nicht, eine anerkennende Bemerkung zur anspruchsvollen graphischen Gestaltung der zitierten Sondernummer und anderer Zeitschriften dieser Art anzufügen, die sich vom großen Volumen der Tagespresse immerhin qualitativ – handwerklich unterscheide. So viel zum Stand der Diskussion im angelsächsischen Raum um 1950!

Hinsichtlich der qualitativen Information in Gestalt manipulierender Desinformation ist festzuhalten, daß es bei der Wiedergabe von Nachrichten durch die Medien nicht unbedingt nötig ist, Tatsachen falsch darzustellen (was freilich oft genug geschieht), um die Leserschaft in bestimmte Richtungen zu drängen. Es genügt, die Nachrichten so auszuwählen – und ohne Auswahl kommt man ohnehin nicht aus –, daß sie kontinuierlich nur eine Seite des jeweiligen Materials beleuchten. Dies wird so lange wiederholt, bis sich im Zuschauer (Hörer, Leser) ein festgefügter Komplex bildhaft-emotionaler Art, zum wenigsten rational untermauert, gebildet hat, dessen Richtigkeit – unkontrolliert durch die Mühe eigener Quellenforschung – für ihn über jeden Zweifel erhaben ist. So kommt es, daß man bisweilen in Erstaunen gesetzt wird durch ansonsten durchaus urteilsfähige, sogar gebildete Leute, die über Vorgänge in der Welt, von denen sie aus eigener Anschauung keine Ahnung haben – Ozonloch, Waldsterben, Aids, Asylrecht, multikulturelle Gesellschaft, Steuerreform, Apartheid, Kernenergie, Gentechnik, Klima- und sonstige Katastrophen (eine Vermehrung dieser kurzen Aufzählung von Beispielen dürfte sich erübrigen) mit einer Sicherheit und Überzeugung Urteile aussprechen, die gar nichts anderes sind als das Echo von hinreichend wiederholten Zeitungs- und Fernsehkommentaren.

Ein noch vergleichsweise harmloses, darum nicht weniger bezeichnendes Beispiel des Verzerrungsjournalismus, das hier für tausend andere stehen mag, lieferte das ZDF am 24. Juli 1995 in seinem bekannten – und in früheren Zeiten mitunter wirklich informativen – *Auslandsjournal*. Thema war die Stellung der Frau im heutigen China, das bekanntlich eine tiefgreifende, nicht ungefährdete Phase des Umbruchs durchlebt. Jedermann kennt die nivellierende, die Proletarierkleidung einbeziehende Gleichmacherei der chinesischen Frau aus den langen Herrschaftsjahren des Genossen und großen Steuermanns Mao Tse Tung. In China wie anderswo im Herrschaftsbereich des Sozialismus standen jene Jahrzehnte unter dem Mandat der totalen Mobilisierung des weiblichen Arbeitssklavenpotentials – auch im einstmaligen Reich der Mitte propagiert als das ›Ende der Diskriminierung der Frau‹. Die besungene Gleichberechtigung der chinesischen Frau mit dem Mann im Joch der Kulturrevolution ging einher mit dem Parteidiktat der Geburtenbeschränkung auf ein, maximal zwei Kinder, das dem Bevölkerungswachstum Einhalt gebieten sollte. Dieses noch heute geltende Diktat, das der fünftausendjährigen Kulturgeschichte Chinas mit seinem tief wurzelnden Familiensinn und Ahnenkult ins Gesicht schlägt, besiegelte die endgültige Vernichtung der Würde auch der chinesischen Frau durch ihre Herabstufung zum Produktionsfaktor für den Aufbau des Sozialismus. Der Jahreslohn der chinesischen ›Familie‹ entsprach dabei hinsichtlich seiner realen Kaufkraft dem Wochenlohn einer durchschnittlichen deutschen Doppelerwerbsfamilie. Für die meisten Chinesen und Chinesinnen gilt dies noch heute.

Allgemein bekannt ist andererseits auch die unwiderrufliche Bewegung der chinesischen Gesellschaft, seit dem Abtreten Maos von der politischen Bühne infolge physischen Ablebens, in Richtung marktwirtschaftlicher und auch erster, überaus zaghafter freiheitlicher Orientierung. Für die gewaltigen Bevölkerungsmassen ist die Einspannung der erdrückenden Mehrzahl der chinesischen Frauen, selbstverständlich unter Einschluß der Mütter, in den Erwerbsprozeß weiterhin eine unumgängliche Existenzvoraussetzung.

In mühseligen Schritten vollzieht sich die allmähliche Hebung des bodenlosen Lebensniveaus breiterer Bevölkerungsschichten, vor allem des Hinterlandes, vor dessen materieller Bewertung europäische Maßstäbe schlechthin versagen. Das Interesse an einer aktuellen Schilderung des »Bildes der Frau im Reich der Mitte«, wie in jenem Auslandsjournal angekündigt, liegt somit auf der Hand.

Bereits der Kurzkommentar in der Programmzeitschrift *Hör Zu* ließ freilich Böses ahnen. Originalton: »Die Emanzipation ist in China auf dem Rückzug. Immer mehr Frauen verzichten auf eine Berufskarriere (sic!), entscheiden sich für ein Leben als Luxusweibchen.« Man lasse sich diese Darstellung des Frauenlebens im heutigen China im Telegrammstil auf der Zunge zergehen: Emanzipation auf dem Rückzug – Verzicht auf Karriere – Luxusweibchen. Auf welchem Planeten liegt dieses China, so fragt sich der irdische Fernsehabonnent nachdenklich. Dann aber der ZDF-Filmbericht selbst: Nahezu die halbe Sendezeit ist einer sichtlich armseligen Chinesin gewidmet, dem Anschein nach nicht unbedingt ein Luxusweibchen, die in epischer Breite darstellen darf, wie sie täglich von ihrem Mann braun und blau geprügelt wird; der Rest: vorwiegend Modenschauen – western style – in Shanghai, der im frühkapitalistischen Fieber vibrierenden Handelsmetropole, dem Fenster zum marktwirtschaftlichen Westen, Japan inklusive. Was wohl sollte mit dieser geradezu idiotischen Verzeichnung chinesischer Wirklichkeit von heute vermittelt werden? Immer dasselbe natürlich: die Frau entweder als Lust- und Gewaltobjekt oder als Luxusartikel und Wegwerfware im Reich der Mitte – ganz wie im Westen wohl? Die öffentlich-rechtliche ›Information‹ mit ihrem puritanischen Wahrheitsanspruch der ›Grundversorgung‹ zeigte in dieser eher beiläufigen Episode auch dem letzten Trottel von gutgläubigem Fernsehkonsumenten ihr wahres Gesicht in konzentrierter Form. Auf der Kritiklosigkeit genau dieser Art von moderner Halbbildung aber, wie sie derartige Fernsehmoderationen offenbar voraussetzen – dies sei in Erinnerung gerufen –, hat die Desinformation ihr eindrucksvolles Fundament in unserem Lande errichten können.

Die Zerstörung der Begriffe

Verlassen wir unsere Behandlung rezeptiv-passiver Verarbeitung von Tagesnachrichten und sonstiger gefilterter veröffentlichter Meinung und ihr erprobtes Funktionieren, und kehren wir zur Klärung der ›Begriffe‹ zurück, jener qualitativen Information, die – abseits des heillosen Rollenspiels der Medien und anderer ›meinungsbildender‹ Faktoren in der Öffentlichkeit – das Wesen zwischenmenschlicher Kommunikation ausmacht oder doch ausmachen sollte.

Zur Verdeutlichung unserer bisher gewonnenen Erkenntnisse wollen wir beispielhaft einige Wandlungen betrachten, die allbekannte, altständige Begriffe unserer Sprache innerhalb des Zeitraums nur einer Generation durchgemacht haben. Derartige Wandlungen sind dabei nicht ausschließlich Wirkung des Politik- oder Medienjargons, sondern in vielen Fällen eines verborgenen, neuartigen Gemeinbedürfnisses, eines eher unterschwellig wirkenden Zugs des Zeitgeistes.

Ein in diesem Sinne typischer Vorgang war um 1949, jenem Zeitpunkt, als die westlichen Alliierten der soeben aus der Taufe gehobenen Bundesrepublik Deutschland-West gewisse Souveränitätsrechte einräumten, die Umwidmung des, man ist versucht zu sagen, guten alten Kriegsministeriums in ›Verteidigungsministerium‹. Hier sollte durch eine sanfte semantische Rückung zum Ausdruck kommen, daß Deutschland sich künftig, wenn überhaupt, dann nur noch in Verteidigungskriegen engagieren wollte. In dieser Konsequenz liegen die jüngsten Bundestagsdebatten über Blauhelmeinsätze der UNO, wegen Bosnien und Somalia, die den Charakter eines Verfassungsstreits angenommen haben.

Ähnliche semantische Rückungen erkennen wir in der heute üblich gewordenen Benennung dessen, was bisher jedermann als militärischen Eingriff bezeichnet hätte, als ›friedensschaffende‹ oder – je nach strategischem Standpunkt – ›friedenssichernde‹ Maßnahme; letztere wäre früher unverfroren die Besetzung fremden Territoriums genannt worden. Im Zusammenhang der archaischen Vernichtungsorgie, die seit Jahren im Herzen Europas, dem ehemaligen Jugoslawien, vor sich gegangen ist, hat sich bei den an schönen Genfer Ufern etablierten Dauerkonferenzen mehrerer Hundertschaften europäischer Diplomaten und Verwaltungsbeamter für den unsäglichen Tatbestand des organisierten und mit bisher noch nicht gesehenen Methoden des Psychoterrorismus gegenüber Frauen und Kindern unterlegten Völkermords der Begriff ›ethnische Säuberung‹ amtlich durchgesetzt. Er soll wohl eine hygienische Maßnahme umschreiben als Begleitumstand der Entstehung von Groß-Serbien.

Wechseln wir nach dieser Schreckvision europäischer Wirklichkeit am Ausgang des schreckensvollen 20. Jahrhunderts, in diesem Fall in Gestalt der Nachwehen des nationalen Sozialismus in serbischer Version, auf das nicht ganz so tragische diplomatische Parkett. Die Diplomatie hat bekanntlich die Aufgabe, die auswärtigen Beziehungen der Staaten zu pflegen und die eigene Regierung an den Regierungssitzen anderer Länder zu vertreten. Seit dem Mittelalter versehen diese wichtige Aufgabe bevollmächtigte Vertreter der jeweiligen Regierung im diplomatischen Range von Botschaftern, Gesandten oder Ministern. Eine Sonderrolle kommt in Deutschland und einigen anderen Ländern in der Hierarchie der diplomatischen Vertreter dem Apostolischen Nuntius, als dem Vertreter des Römischen Stuhls, zu. Der diplomatische Rang des Botschafters war bis zur Mitte unseres Jahrhunderts traditionell den Vertretungen der Großmächte vorbehalten, etwa den Vereinigten Staaten von

Amerika, dem Russischen und dem Deutschen Reich, der Republik Frankreich, dem Vereinigten Königreich Großbritannien. Mittlere und kleinere europäische Monarchien, wie etwa das Königreich der Niederlande, Belgien oder Schweden oder die Schweizerische Eidgenossenschaft unterhielten Gesandtschaften an fremden Regierungssitzen. Der Gesandte ist ein dem Botschafter nachgeordneter Rang, was auch in der Etikette seinen Niederschlag findet, zum Beispiel der Rangfolge der Begrüßung bei Staatsempfängen durch das regierende Oberhaupt des Gastlandes. Kleinstaaten wie Andorra, Liechtenstein oder Monaco lassen sich durch befreundete größere Staaten mitvertreten.

Hier nun ist seit den sechziger Jahren unseres Jahrhunderts wiederum ein merkwürdiger semantischer Wandel aufgetreten. Wenn wir heute an einem Regierungssitz, zum Beispiel in Deutschland, die Liste der diplomatischen Vertretungen durchblättern, so sehen wir – abgesehen vom unveränderlichen Status des Apostolischen Nuntius – nur noch Botschaften; keine Gesandtschaften oder andere Formen diplomatischer Vertretung mehr. Offensichtlich hat dies etwas mit dem Aufkommen der aus kolonialer Vormundschaft – nicht immer zu ihrem Besten – entlassenen, heute sogenannten Entwicklungsländer zu tun; denn selbst ein aus der kolonialen Retorte geschaffener afrikanischer Nomadenstaat von zweieinhalb Millionen Einwohnern unterhält heute eine Botschaft in Bonn, vielleicht nur ein 3-Mann-Büro in einer Mietetage mit Fahnenstange, aber immerhin. In vielen Fällen handelt es sich, mangels nennenswerter politischer Anliegen, einfach um Inkassobüros für Entwicklungshilfegelder, aber man denkt nicht daran, es bei deren Ausstattung unter dem Botschafterrang zu tun. Was bleibt da dem Königreich Dänemark übrig, um mit dem Botschafter von Burkina Faso oder Obervolta gleichziehen zu können, als ebenfalls einen Botschafter zu ernennen und sich somit nolens volens dem nun einmal eingeführten Gebrauch von Worthülsen zu beugen?

Der Begriff der Worthülse wird uns noch beschäftigen, aber zur Abrundung des diplomatischen Themas sei hier vorab noch ein Gipfel aller Worthülsen, nämlich der ›Gipfel‹, erwähnt. Dieser Begriff wurde einmal geprägt, als es in einem hochdramatischen Augenblick des tiefsten Kalten Kriegs zu einem Blitztreffen der Regierungschefs der USA und der Sowjetunion, Kennedy und Chruschtschow kam und es um nichts Geringeres ging als um die Verhinderung eines neuen, katastrophalen Kriegsausbruchs. Wofür wird das Wort ›Gipfel‹ heutzutage verwendet? Für eine Konferenz von Europabeamten zur Klassifizierung von Blumenzwiebeln oder über Exportsubventionen für Gefrierfleisch.

Von den weltweiten semantischen Erscheinungsformen im Bereich des Militärwesens und der Diplomatie gehen wir nun zur Betrachtung ähnlicher Wandlungen im Sprachgebrauch unserer kleineren nationalen Welt über, in der wir täglich leben und Kommunikation treiben. Nehmen wir, stellvertretend für zahlreiche Sachgebiete, einige Begriffspaare aus dem Bereich des Schul- und Ausbildungswesens zur Hand, um den gemeinten Sachverhalt zu verdeutlichen. In der nachstehenden Tabelle stehen in der linken Spalte einige überlieferte Begriffe aus dem deutschen Sprachschatz, die bis etwa zur Jahrhundertmitte uneingeschränkte Geltung hatten. Die rechte Spalte zeigt jeweils das heute übliche Wort, das dieselbe Sache bezeichnet:

Hilfsschule	Sonderschule
Volksschule	Hauptschule
Mittelschule	Realschule
Realschule	Gymnasium
Gymnasium	fast ausgestorben (humanistisches oder altsprachliches Gymnasium)

Dozent	Professor (ohne Promotion)
Reinemachefrau	Raumpflegerin
Lehrling	Auszubildender
Hilfsarbeiter	Angelernter
Tagelöhner	Zeitarbeiter
zum Universitätsstudium unbefähigt	Langzeitstudent

Die Liste ließe sich fortsetzen und auf faktisch alle Gebiete unseres Alltagslebens übertragen. Gewisse ›Gipfelleistungen‹ liefert uns hier täglich die Werbesprache oder, angemessener ausgedrückt, der Reklamejargon, dessen höchster schöpferischer Ausdruck eine größtmögliche Amerikanisierung jeglicher noch so banaler Aussage ist. Der Einsatz recht vieler Amerikanismen scheint am besten geeignet, die totale Banalität fast aller dieser Aussagen zu verdecken. So ist denn die deutsche Oma mit dem englischen Wörterbuch im Supermarkt unterwegs, um die Aufschriften von Fertigsoßen oder Waschpulvern entziffern zu können – ein merkwürdiger professioneller Widerspruch übrigens zu der stets von den Werbung treibenden Herstellern an ihre Werbeagenturen gestellten Hauptforderungen: Klarheit der ›Werbebotschaft‹. Diese Botschaft muß auch beim unbedarftesten Konsumenten ›spontan rüberkommen‹; notfalls helfen da am Ende auch Bilder. Wie unbedarft das von der Reklame angesprochene Konsumentenpublikum in seiner großen Masse eingestuft wird, kann man nicht nur von den alltäglich über unsere Bildschirme flimmernden Szenen ablesen, sondern auch an der Tatsache, daß diese unsäglichen Sequenzen durch raffinierte, auf der Höhe werbepsychologischer Forschung stehende Testverfahren abgesichert sind.

Auch der Bierernst, mit dem deutsche Fernsehnachrichten und Politmagazine meist dargeboten werden, ist ohne Frage für von Natur wohltemperierte Mitteleuropäer auf Dauer schwer zu ertragen – bei BBC oder NBC würde man die meisten unserer öffentlich-rechtlichen Langweiler feuern – und nur durch gepfefferte Gebührenrechnungen zu überspielen. Schließlich will der Zuschauer am Ende auch etwas haben für sein Geld. Andererseits begünstigt deutscher Bierernst am Monitor eine unterschwellige Meinung, inhaltliche Humorlosigkeit und verbissener Gesichtsausdruck verbürge zumindest Seriosität. Daß dieser Anschein in zuweilen wahrhaft heimtückischer Weise trügt, mag ein ebenso geläufiges wie typisches Beispiel subtiler Begriffsdeformation aus dem Schnittstellenbereich zwischen Kriminalistik und Justiz belegen. Heimtückisch deshalb, weil eine subtile Art semantischer Fälschung des vermittelten Nachrichteninhalts nicht auf das wache Bewußtsein, sondern dessen unterschwelligen Bereich beim breiten Publikum abzielt; mit dem offensichtlichen Zweck eines durch Gewöhnung allmählich bewußtseinsverändernden Effekts.

Beispielhaft führen wir hier die über die Jahre allmählich in Gewohnheit übergegangene Praxis von ARD, ZDF & Co. an, Meldungen über Mordtaten auf offener Straße, wie sie bei uns üblich geworden sind, zum Beispiel eines Terroristen an einem Bankier oder Staatsanwalt, als ›Hinrichtungen‹ zu bezeichnen: der ›mutmaßliche‹ Terrorist X hat den ›realen‹ Staatsanwalt Y an seiner Haustür durch einen Kopfschuß ›hingerichtet‹; wir alle durften dergleichen schön öfter vernehmen.

Es wäre durchaus irrig und eine gefährliche Naivität, nun anzunehmen, diese befremdliche Wortwahl etwa der *Heute*-Redaktion beim ZDF sei Ergebnis einer unterlaufenen schlampigen Redaktionsleistung. Keineswegs; vielmehr steht auch hinter dieser Begriffsbeugung eine eindeutige Absicht im mosaikhaft feinstrukturierten Breitwandfresko der medialen Desinformation. Bedeutet doch im überkommenen Verständnis der Menschen deutscher Sprache das Wort ›Hinrichtung‹ die zu Zeiten der Todesstrafe für besonders schwere Kapitalverbrechen vorgesehene Exekution gerichtlich überführter und verurteilter Verbrecher. Hinter der Verhängung der Todesstrafe, etwa wegen kaltblütigen Mordes aus Habgier, stand demgemäß stets die juristische Überführung des Täters, sein Geständnis und die besondere Schwere des Einzel- oder Wiederholungsfalles.

Wenn also in der heutigen Sprache medialer Berichterstattung der von einem ›mutmaßlichen‹ Terroristen begangene Mord auf offener Straße als ›Hinrichtung‹ bezeichnet wird, so ist damit nichts Geringeres beabsichtigt und ins Werk gesetzt, als unterschwellig den Standpunkt des Verbrechers zu Lasten des Opfers, des ›mutmaßlichen‹ Mörders gegenüber dem tatsächlich Ermordeten, unter millionenfacher Vervielfältigung zu übernehmen. Auf Anarcho-Deutsch hieße das: Als Kapitalistenschwein oder Repräsentant des faschistoiden Repressionssystems der BRD wurde Bankier X bzw. Staatsanwalt Y des Todes würdig gefunden und von einem unserer Freiheitskämpfer ›hingerichtet‹. Der als öffentliches Fanal ausgelegte Terroristenmord an ausgewählten ›Leitfiguren‹ des Kapitalismus ist, wie andere Kapitalverbrechen, zwar vorläufig noch (wie lange noch?) Gegenstand unseres Strafgesetzbuches. Sein mancherorts unterstelltes ›idealistisches‹ Motiv aber entrückt ihn in eine andere, sozusagen beinahe moralische Sphäre – nicht ohne weiteres gleichzusetzen mit dem Mord an der Tante um ihrer Erbschaft willen. Darum heißt es gleichlautend in der Terroristen- wie in der Fernsehsprache: Der Staatsanwalt, der Bankier, der Industrielle, der Verbandsvorsitzende wurde nicht ermordet, er wurde hingerichtet. In letzter Konsequenz, so darf nach der Logik der deutschen Sprache gefolgert werden: Ihm geschah eigentlich ›recht‹ in einem jenseits des irdischen Strafgesetzbuches angesiedelten, besonders weihevollen Sinne, wie ihn nur unsere öffentlich-rechtliche Fernsehmoderation mit ihren linksgewirkten Denkmustern in sanfter semantischer Verfremdung zu verleihen mag.

So weit ist es mit uns einstweilen schon gekommen. Genau diesen moralischen Tenor der Gesetzlosigkeit, des Terrors und der Anarchie in subtiler Methode der Begriffsbeugung hoffähig zu machen, ist das mit Händen zu greifende Anliegen. Hier ein entschuldbares Versehen bei der Wortwahl zu unterstellen, wäre im Hinblick auf die regelmäßige Wiederholung, in sträflicher Weise naiv; angesagt ist vielmehr die gezielte, planmäßige Deformation des Massenhirns, das Mittel aber die Desinformation in ihren überaus erfindungsreichen Spielarten.

Zurück zu unserer kleinen Auswahl von Begriffspaaren alt/neu aus dem Schul- und Bildungswesen. Was sagt sie uns? Spiegelt sie vielleicht einen funktionsgerechten Bedarf an Verdeutlichung oder sachlicher Aktualisierung? Offensichtlich ist dies nicht der Fall. Dann bliebe nach einem gemeinsamen Nenner, einer zugrunde liegenden Absicht oder Tendenz zu fragen, die möglicherweise eine so merkwürdige, alle Lebensgebiete erfassende Häufung von Bezeichnungsänderungen ausgelöst haben könnte. Und siehe da, hier werden wir fündig! Bei näherem Hinsehen können wir nämlich zwei einander ergänzende Tendenzen beobachten: Zum einen die durchgängige Abwertung von überkommenen Begriffen, wie vorhin am Beispiel der Diplomatie vorgeführt, die Aushöhlung dieser Traditionsbegriffe zu Worthülsen. Wenn wir beim schulischen Bereich bleiben wollen, so vergleiche man einmal, was unter dem Begriff des preußischen Abiturs um 1900 oder auch noch 1920 zu verstehen war, mit der Worthülse, zu der dieser Begriff – freilich unter Weglassung von ›preußisch‹ – inzwischen verkommen ist. Man wagt an das Jahr 2020 nicht zu denken.

Die andere Tendenz, jene ergänzend, geht dahin, überlieferte, in ihrem Gehalt eindeutig festgelegte Begriffe durch ›höherwertig‹ klingende zu ersetzen, in Umkehrung von Schlieffens preußischer Maxime: »mehr sein als scheinen«, die, anders ausgedrückt, meint: unter betontem Verzicht auf inhaltliche Entsprechung zu hochtrabendem Anspruch. Tatsächlich ist der Leistungsstandard der in unserer Tabelle angeführten schulischen Einrichtungen in Deutschland in eben dem Zeitraum, da die entsprechenden Begriffsentwertungen durch ›höherwertig‹ klingende Bezeichnungen für ein und dieselbe Sache auftraten, geradezu dramatisch abgesunken. Lebendiger Beweis hierfür ist der Durchschnittstypus des heutigen Abiturienten. Sein inflationär angeschwollener Anteil an der Gesamtheit aller Schulabschlüsse eines Jahrgangs steht in genau umgekehrtem Verhältnis zum vergleichsweisen Stand seiner Allgemeinbildung und inneren Reife, so daß schon die frühere Bezeichnung ›Reifezeugnis‹ (nämlich für den Einzug in die Hochschule) eine semantische Perversion in sich darstellen würde. Ein solcher Abiturient hat dank fortschrittlicher Lehrplangestaltung – auf dieses Kapitel kommen wir später noch zu sprechen – nie einen Vers von Goethe oder Hölderlin gelesen, geschweige denn auswendig gelernt. Die deutsche Rechtschreibung und die Fähigkeit, logische Sätze in seiner Muttersprache zu bilden, ist bei ihm ausgesprochene Glücksache, da die Prüfungsordnung verschiedener Bundesländer die Erlangung der ›Hochschulreife‹ auch ohne deren Vorhandensein zuläßt. Auf grassierende Ahnungslosigkeit in Sachen Mathematik weist die Tatsache hin, daß Technische Hochschulen wie zum Beispiel die Aachener für die Erstsemester des Ingenieurstudiums Grundkurse in diesem Fach einrichten mußten, damit diese den Einführungsvorlesungen sachlich überhaupt zu folgen vermochten. Abiturienten, die sich – vielleicht schon einmal als ›Parkstudium‹ – im Fach Geschichte eingeschrieben haben, vermögen nicht, das Datum der Französischen Revolution zu nennen, und von den Steinschen Reformen haben sie im Zweifelsfall auch noch nichts gehört – wo auch? Am ›Gymnasium‹ jedenfalls in aller Regel nicht.

Das Abitur als Worthülse

Als eine der Folgen der Abiturienteninflation hat sich im Durchschnitt der letztvergangenen Jahre ein Anteil von etwa einem Drittel an Studienabbrechern eingependelt, gemessen an der Gesamtheit aller Studierenden in Deutschland; diese nähert sich heute der 2-Millionenmarke, bei etwa 3 Millionen insgesamt gleichzeitig sich in Berufsausbildung befindlichen Jugendlichen! Daß an diesem Verhältnis etwas nicht stimmen kann, hat sich zwar bei den Arbeitsämtern, aber noch nicht bis zu den Kultusministern der deutschen Bundesländer herumgesprochen.

Die am guten Ende erfolgreich abschließenden zwei Drittel der Studenten benötigen heutigentags hierfür rund die doppelte Anzahl an Semestern wie noch um 1950 im jeweiligen Fach üblich, nämlich 15 bis 20, selbstverständlich ohne jeglichen Kostenbeitrag für diese ebenso übertriebene wie unnötige Inanspruchnahme vom Steuerzahler finanzierter Einrichtungen. Deutschland haftet darum heute der zweifelhafte Ruf an, neben den jüngsten Rentnern auch die ältesten Studenten unter den vergleichbaren Kulturnationen aufzuweisen: eine Tatsache, die nicht ohne Folgen bleiben kann und wird.

Diesen Verhältnissen entspricht folgerichtig, daß der heutige ›Hauptschulabschluß‹ – im Gegensatz zum Abgangszeugnis der alten Volksschule – als Qualifizierung für die Lehre in Handwerks- und Dienstleistungsberufen weitgehend ausgedient hat. Ergebnis dieser staatlich programmierten Nivellierung unter Abdankung des Leistungsprinzips ist der taxifahrende Jurist, der einen Bioladen betreibende Soziologe und, im Kernbereich des

Arbeitslebens, der ›Angelernte‹ mit oder ohne Hauptschulabschluß als Vorreiter der Arbeitslosenstatistik.

Das Prinzip der Nivellierung, als methodischer Vorbedingung inflationärer Quantitätsschöpfung, hat, wie wir sahen, das Leistungsprinzip, auf dem allein Qualität und Kulturfähigkeit überhaupt aufbauen können, auf ein rudimentäres Inseldasein in wenigen, hauptsächlich süddeutschen Bundesländern zurückgedrängt. Warum dies so ist, werden wir noch später erörtern. An dieser Stelle ist zunächst zu sagen, daß die Zurückdrängung des Leistungsprinzips selbstverständlich die Anhebung des Bildungs- und Qualifikationsniveaus auf breiterer Basis verhindert, nicht aber das Sichdurchsetzen wirklicher Begabungen. Dies drückt sich im Anteil der hochbegabten Studenten und der geleisteten Prädikatsexamen aus: An der Gesamtheit eines Altersjahrgangs beträgt er heute wie vor fünfzig oder hundert Jahren etwa drei bis fünf Prozent, dies aber nicht wegen, sondern trotz der Qualität unserer Schulpolitik, der ja ›Eliten‹ nach ganz amtlicher Verlautbarung nicht erstrebenswert, sondern verdächtig sind; auch hiervon später mehr.

Wir setzen unseren notwendig bruchstückhaften Streifzug durch die deutsche Bildungslandschaft der Gegenwart unter dem Gesichtspunkt der Manipulation durch Sprache fort, indem wir versuchen, dem Phänomen näherzukommen, daß breite Schichten unserer Bevölkerung, und zwar je jugendlicher um so mehr, den vielfältigen Desinformations- und Deformationsbestrebungen vor allem unserer Sozialromantiker, FeministInnen und gewerkschaftlichen Demagogen so leicht auf den Leim gehen; denn deren beachtliche Erfolge setzen weithin ein gefährliches Maß an Naivität gewissermaßen konstitutiv voraus. Ist dies alles nur Zufall, oder etwa unzulängliche Umsetzung an sich gutgemeinter Zwecksetzungen an der Basis, oder verbirgt sich hinter diesen bedenklichen Entwicklungen womöglich System? Wie zu beweisen sein wird, ist genau dieses Letztere der Fall, und eben von hier nimmt die akute Bedrohung unserer Kultur, unserer Gesellschaft, unseres Familienlebens und unserer Jugend ihren Ausgang.

Eine jahrzehntelang beharrlich feingesteuerte Desinformation zielt auf die planmäßige Vernichtung unseres kulturellen Erbes und unserer Zukunft zugunsten eines real noch nicht ganz erreichten Sozialismusmodells hin, möglicherweise mit menschlichem Antlitz, also unter Verzicht auf physische Vernichtung andersdenkender Leute, jedenfalls aber mit zur Zeit etwas diffus gewordenen Umrissen. Hören wir hier, um eine etwas weitere zeitliche Perspektive der behandelten Fragen zu gewinnen, die Stimme eines der bedeutendsten Kulturkritikers deutscher Sprache, den schon erwähnten Oswald Spengler, wie er bereits um 1930 den sozialistisch infizierten Geisteszustand der Zeit beschrieb (*Jahre der Entscheidung,* CH. Beck'sche Verlagbuchhandlung, München 1933):

»Die ständischen Ordnungen des Mittelalters ebenso wie der dritte Stand des liberal-geistigen Bürgertums als Erzeugnis des Aufklärungszeitalters sehen sich vernichtet durch den vierten Stand, die soziale Masse nebst ihren selbsternannten Funktionären, die alle Kultur mit ihren gewachsenen Formen grundsätzlich ablehnt (Sprache, Sitte, Erziehung, Ehre, Verpflichtung, Einordnung, Leistung usw.). Es ist das absolut Formlose, das jede Art von Form, alle Rangunterschiede, den geordneten Besitz, das geordnete Wissen mit Haß verfolgt. Es ist das Nomadentum der Weltstädte, das mit seinem Ursprung gänzlich zerfallen ist, seine Vergangenheit nicht anerkennt und eine Zukunft nicht besitzt. Damit wird der vierte Stand zum Ausdruck der Geschichte, die ins Geschichtslose übergeht. Die Masse ist das Ende, das radikale Nichts, und so ist es von ihren ›wissenschaftlichen‹ Protagonisten im Grunde auch gemeint: man will gar nicht verändern oder verbessern, sondern zerstören...

Der Gegensatz von vornehm ist nicht etwa arm, sondern gemein. Niedrigste Motive bedienen sich der orientierungslos gehaltenen Masse, um im Nebel der Klassenkampfparolen die eigenen Ziele und Genüsse der Rache und Zerstörung zu erreichen... Man denkt nicht daran, die Masse zu höherer Kultur zu erziehen; dies wäre anstrengend, und es fehlten hierzu allzuviele Voraussetzungen. Im Gegenteil, der in Jahrtausenden allmählich gewachsene Bau der Gesellschaft soll eingeebnet werden auf das niederste, allen gleichmäßig zugängliche Niveau...

Ein vornehm gebildetes Gesicht, die gewählte Sprache als Ausdruck von Erziehung und Selbstzucht, ein schmaler Fuß, der sich zierlich vom Pflaster hebt, passen nicht in dieses Weltbild der Boxkämpfe, Sechstagerennen und Politparolen. Elitäre Kennerschaft für edle Kunst und alte Dichtung, ja schon die Freude an gepflegten öffentlichen Anlagen, schönen Blumenrabatten und klassischen Fassaden ruft zum Verschandeln, Zerschlagen, Zertrampeln auf... Die Kultur selbst ist, infolge ihrer Überlegenheit, die auch der Vulgäre dumpf fühlt, der Feind an sich; weil sie nicht ›für alle‹ da sein kann, muß sie vernichtet werden.«

Erinnert uns diese Prophetie von 1930 vielleicht an Erlebtes in unseren Tagen? Spengler kritisierte die heraufkommende Herrschaft des vierten Standes und des geistigen Proletentums, beklagte deren sich breitmachenden Einfluß auf das kulturelle Selbstverständnis seiner Zeit. Was er sicherlich nicht ahnen konnte, war, daß er eine genaue Beschreibung des Geisteszustandes an deutschen Universitäten seit den siebziger Jahren lieferte, des tonangebenden Teils unseres akademischen Nachwuchses, nur eine Generation nach seinem Tode. Diese Feststellung darf selbstverständlich nicht verallgemeinert werden, denn damals wie heute studierten gut erzogene junge Leute, um etwas zu lernen und zu leisten, aber ihre Minderheit mied den sozialistischen Betrieb und die Demolierung ganzer Stadtviertel, sie fiel nicht auf und war und ist insofern, Gott sei's geklagt, längst nicht mehr repräsentativ. Wer aber könnte in der heutigen Parteien- und Gewerkschaftsszene, ja in unserem gesamten öffentlichen Leben, eine Politik oder auch nur eine Einzelmaßnahme in den Sphären von Familie, Erziehung und Berufsbildung orten, die geeignet wäre, sich diesen Entwicklungen entgegenzustemmen? Abgesehen von einigen mühseligen Privatinitiativen zur Errichtung leistungsfähiger, von staatlicher ›Bildungspolitik‹ abgeschirmter Hochschulen in jüngster Zeit wird man ansonsten vergebens Ausschau halten. Bedenkenlos verschleudern wir die entsagungsvoll erbrachten Leistungen, die unsere Mütter und Väter, Großmütter und Großväter uns vererbt haben, als Pfund, mit dem sich hätte wuchern lassen.

Allerdings dämmert hier und dabei einigen Besonnenen die bedrohliche Einsicht, der Vorrat könnte demnächst verzehrt und ein Punkt ohne Umkehr überschritten sein. Schon in den alarmierenden Aufrufen des bedeutenden Pädagogen und Philosophen Georg Picht unter dem Titel *Die deutsche Bildungskatastrophe* aus dem Jahre 1964 hätte man viele der zugrunde liegenden Ursachen nachlesen und entsprechende Empfehlungen, wenn auch nicht notwendigerweise unterschiedslos, befolgen können. Allein dies hätte einen wirklichen politischen Willen zu einer qualitätsorientierten Reform des föderal strukturierten deutschen Bildungswesens vorausgesetzt, der mehrheitlich, nämlich überall da, wo in Stadt- und Flächenstaaten Sozialdemokraten für die Bildungspolitik verantwortlich zeichneten (und es heute noch tun), nie existiert hat. Daher rührt die Erscheinung, daß die süddeutschen Bundesländer, wo Sozialdemokraten von den Hebeln der Politik einschließlich des Bildungswesens jahrzehntelang ferngehalten waren, heute bekanntlich im Bundesvergleich eine Spitzenposition einnehmen, während sie in der Vorkriegszeit eher die gelegentlich belächelten Schlußlichter bildeten – wohlgemerkt im Vergleich des damals im Deutschen Reich bestehenden allgemeinen Spitzenniveaus. Diese Tatsache folgt nicht daraus, daß Bayern oder Württemberg heute gegenüber früher um so vieles besser geworden seien, sondern daß sie die systematische Demontage der über Jahrzehnte sozialdemokratisch regierten Länder nicht mitgemacht haben.

Diese haben ihrerseits eine politisch-ideologische Willensrichtung vorangetrieben, deren Auswirkungen, wie schon gesagt, nicht auf Zufall beruhen, sondern Ausfluß einer planvollen Unterspülung unseres gesamten kulturellen Selbstverständnisses sind, wie sie zum Beispiel in Gestalt der hessischen ›Rahmenrichtlinien für den Deutschunterricht‹ besonders notorisch geworden sind, auf die wir schon zu sprechen kamen. Wir zitieren an dieser Stelle nochmals Günter Rohrmoser aus seinem bereits früher erwähnten Buch:

»Es ist ein Verdienst der hessischen Rahmenrichtlinien für die Reform der Gesellschaftslehre und den Deutschunterricht, daß sie die Aufmerksamkeit auf die Dimension dieses Prozesses (der sozialistischen Ideologisierung unserer Schulen, der Verf.) gelenkt haben. . . Die Schule wird zu dem Ort in der Gesellschaft gemacht, an welchem die ›Totengräber‹ (Zitat aus dem *Kommunistischen Manifest* von Karl Marx, 1848) erzeugt werden. Das Programm einer Umwertung der Werte, der Veränderung des Bewußtseins,der Erzeugung neuer Normen wird hier verwirklicht. Der Lehrer soll sich als Träger eines Prozesses der Einübung in die Praxis der Systemveränderung verstehen. Neben der sich vollziehenden Erziehung gegen das Recht ist die Liquidation der Geschichte und die Auslöschung des historischen Gedächtnisses ihr unheimlichster Aspekt. Gewissen ist eine Folge von Minderwertigkeitsgefühlen und Aggressivität das Ergebnis von triebunterdrückender Sozialisation... In den Richtlinien zum Deutschunterricht wird das Erlernen der Hochsprache abgeschafft, um die Ungleichheiten durch die soziale Ungleichheit der Schüler abzuschaffen.«

Es entspricht der Logik der geschilderten Situation, daß die schmalspurige öffentliche Diskussion, beispielsweise um die Hochschulreform, als denkbaren Lösungsansatz nicht etwa die zur Rettung allein taugliche Amputation an Haupt und Gliedern zeitigt, einen grundlegenden Neuansatz unserer Bildungskonzeption im Ganzen. Nur ein solcher würde nämlich eine Umkehr in letzter Minute, bei Aufbietung äußerster, Jahrzehnte in die Zukunft hinein währender gemeinsamer Anstrengungen, vielleicht doch noch möglich machen. Stattdessen beobachtet man bestenfalls das bekannte oberflächliche Kurieren an Symptomen, wie sie Massenbetrieb und Nivellierung hervorgebracht haben. Immerhin werden hier und da die jammervollen Abschlußqualitäten, wie sie heute an allen Schulformen anzutreffen sind, scharfsichtig erkannt. Das gilt auch für die schon in immer jüngeren Schuljahrgängen um sich greifende Aggressivität und tätliche Gewaltsamkeit, ferner die nunmehr um das Dreifache überfüllte Kapazität der Universitäten ungeachtet ihres gegenüber dem Vorkriegsstand bereits dreimal so hohen Platzangebots, unterlag doch der Zugang zur Universität, abgesehen von der Notbremse des Numerus clausus, seit vielen Jahren keiner qualitativen Beschränkung mehr.

Nicht Einkehr beherrscht diese randständige Debatte, sondern heilige Empörung sozialistischer Wortführer über den leisesten Verdacht ›elitärer‹ Umtriebe – denn solche könnten den Umsturz nicht allein ihres ideologischen Weltbildes, sondern auch der von ihnen gehaltenen politischen Machtpositionen und Versorgungspfründen herbeiführen – im übrigen herrschen wechselseitige Schuldzuweisungen. Niemand wagt, des Pudels Kern öffentlich beim Namen zu nennen: das sozialistisch infiltrierte deutsche Bildungssystem, eingefärbt von der ›Kritischen Theorie‹ der Frankfurter Schule, beispielhaft umgesetzt in den schon erwähnten hessischen Rahmenrichtlinien. Deren Chefredakteur, Prof. Ludwig v. Friedeburg, ist selbst geistiger Mitläufer der kritischen Theorie, für die in erster Linie Horkheimer, Adorno, Marcuse und Habermas stehen. Das Bildungsmodell dieser Theorie, die wir schon früher behandelt haben, zielt nicht auf den urteilsfähigen, autonomen Einzelmenschen, sondern auf eine gesichtslose, nivellierte, politisch beliebig manipulierbare soziale Masse. In deren Konsequenz eben liegt die Abschaffung des Geschichtsunterrichts aus den Lehrplänen aller Stufen und seine Ersetzung durch ›Gesellschaftskunde‹, die vorrangig die Aufgabe hat, den Schülern Gewerkschaftspolitik und marxistische Dialektik zu vermitteln, auch die vorerwähnte Forderung, wonach das Erlernen deutscher Dichtung oder gar die Beherrschung der deutschen Rechtschreibung kein gymnasiales Bildungsziel, also auch für den angehenden Akademiker, mehr zu sein habe.

Aber nicht nur die planvolle Demontage der Familie und des Bildungssystems als gesellschaftlichen Organisationskernen, sondern noch konkreter das, was unter den Bezeichnungen Gleichheit, Emanzipation, Selbstverwirklichung, Frauenpolitik, Feminismus usw. einhergeht, vervollständigt das Grundmuster des sozialistischen Generalplans, der diesem Gesellschaftsentwurf über alle historischen Rückschläge hinweg doch noch zum Durchbruch verhelfen soll. Ist es schon merkwürdig genug, wenn man mit Beflissenheit Frauenministerien, ›Gleichstellungsstellen‹, das ›Jahr der Frau‹, den ›Tag des Kindes‹ einrichtet, so ist um so infamer die Lüge, mit alledem habe man vor allem das Wohl der Frauen, das der Kinder und schließlich das der gesamten genesungsbedürftigen Welt im Auge und nicht eine höchst abgebrühte Interessen- und Machtpolitik, die einerseits die Desintegration der als störend empfundenen Institution der Familie, andererseits die totale Mobilisierung des Wirtschaftsfaktors Frauenarbeit für durchaus nicht wohltätige Zwecke zum Ziel hat. Beide Teilziele sind auf das engste miteinander verknüpft, aber nicht nur das: In ihnen gipfelt die sozialistische Doktrin und langfristige Planung schlechthin. Deren Vertreter sehen sich als Wärter und Garanten des menschlichen Fortschritts – in aller Regel verbunden mit einem bemerkenswerten Bedürfnis nach lebenslanger Versorgung auf Kosten der Staatskasse ohne die geringste produktive Leistung, idealerweise verwirklicht in Form des Beamtenstatus. Wie sagte doch der chinesische Weise Lao-tse in seinem *Tao-te-King,* dem Buch von Weg und Tugend, vor 2500 Jahren:

> »Von den großen Herrschern wußten die Menschen kaum, daß sie da waren.
> Deren Nachfolger liebten und lobten sie.
> Deren Nachfolger fürchteten sie.
> Deren Nachfolger verachteten sie.
> Sind Land und Sitten in Verfall und Zerrüttung, gibt es treue Staatsdiener.«

Diese uralten Erkenntnisse auf die Wirklichkeiten unseres Zeitalters anzuwenden heißt doch wohl, Schuppen von seinen Augen fallen zu sehen! Unsere pluralistische Wirklichkeit ist gar nicht so kompliziert, wie die Oberfläche oder die Interpretation interessierter Parteien es uns glauben machen möchte: Ihr Kern ist ganz einfach der uneingeschränkte Appell an den Egoismus, an die altrömische Maxime ›Brot und Spiele‹, endlich an eine in der Tat gänzlich verlogene Chimäre, genannt Selbstverwirklichung.

Das Zeitalter der Schlagwörter

Fassen wir unsere Diagnose des Desinformationszeitalters zusammen: Wir haben die Welt der Begriffe, ihre organischen Wandlungen und ihre zu ideologischen Zwekken aufgepfropften Pervertierungen kennengelernt und einige ihrer Erscheinungsformen, nebst ihren Urhebern und Nutznießern, ins Auge gefaßt. Erwägen wir abschließend, warum Begriffe in heutiger Zeit offenbar ohne nachhaltigen Widerstand solcher Pervertierung unterliegen und sich aus ebendiesem Grund zur gefährlichen Langzeitwaffe ideologischer Verderber anbieten, die damit zielbewußt die eingangs geschilderten politischen Machteroberungszwecke verfolgen.

Eine wichtige Rolle spielt hierbei die durch die Technisierung der Informationsvermittlung bedingte psychologische Tatsache, daß ein stetig wachsender Teil der Eindrücke, die täglich auf den Durschnittsmenschen eindringen, nicht mehr auf selbständig Erfahrenem, sondern nur noch auf mittelbar Erlebtem, vorzugsweise Fernsehreportagen, beruht. Eine Erklärung hierfür liegt darin, daß die unmittelbaren konkreten Eindrücke – als echte ›Information‹ – in der Hast des Tages und ihrer häufig nicht spontan analysierbaren Buntheit ein Vakuum der Aufnahmefähigkeit verursachen, in das ›stellvertretende‹ Erlebnisse, also solche aus zweiter Hand, um so leichter eindringen können. ›Vicarious experiences‹ ist der von der angelsächsischen Sozialpsychologie hierfür geschaffene Begriff, und genau hier hat die Macht der Medien ihre Basis gefunden.

Ein typisches – und die Gefühlswelt der Massen weitgehend beherrschendes – Anwendungsgebiet für ›vicarious experiences‹, die psychische ›Stellvertretung‹, ist die mit allen kommerziellen Mitteln auf Hochtemperatur gehaltene sogenannte Sportbegeisterung. In den meisten Fällen handelt es sich dabei gar nicht um Sport im ursprünglichen Sinn des Wortes, der eine zum Vergnügen geübte körperliche Tätigkeit bedeutet, wie Reiten, Schwimmen, Fischen, Jagen, Fechten usw. Die Angelsachsen, die ja mit der Sache auch das Wort erfunden haben, rechnen bis auf den heutigen Tag nicht einmal die ›games‹, das heißt die auf Wettbewerb beruhenden Spiele wie Fußball, Baseball, Cricket usw. dazu, geschweige denn ›races‹, also Wettrennen aller Art, vom Reit- und Fahrturnier bis in die Niederungen der Sechstagerennen und Hühnerjagden. Die Teilnahme der großen Mehrheit der ›Sportliebhaber‹ besteht hier nur im Zuschauen, Wetten, Anfeuern und, beim internationalen Fußball nicht mehr selten, in der Demolierung der Stadien mit Toten und Schwerverletzten und hochtechnisiertem Polizeieinsatz. Der nationale Mob verrichtet dann gewissermaßen einen privaten Stellvertreterkrieg, allerdings nicht ohne Schwenken der Staatsflagge.

Die meisten Zeitungskäufe des den Sportereignissen folgenden Tages gelten dann dem Sportteil, der bei vielen Tageszeitungen denn auch annähernd die Hälfte des redaktionellen Inhalts ausmacht. Nach erfolgter Lektüre auf dem Weg zum Arbeitsplatz zieren die weggeworfenen Zeitungen dann U-Bahnhöfe, Straßenbahnen und öffentliche Plätze.

Die Sozialpsychologen sind sich einig, daß es diesen Sportfans um die stellvertretende Befriedigung von Instinkten zu tun ist, die ihnen die Banalität und Eintönigkeit ihres Alltagslebens – sei es in Beruf oder Familie, soweit diese noch in Betracht kommt – versagen. Die Befriedigung dieser Instinkte entsteht durch Identifizierung mit einer der kämpfenden Parteien, sei dies nun ein Boxidol oder ein Fußballverein. Ziel ist in jedem Falle – kennzeichnend für die neurotische Verfassung des

Abendländers – ein Mindestmaß an persönlicher Anstrengung, zum Beispiel im Fernsehsessel, in Verbindung mit einem Höchstmaß an Aufregung. Eine Leere ausfüllen – das ist die Funktion der mannigfaltigen Versuche des modernen Menschen, sich eine künstliche Welt von Ersatzbefriedigungen zu konstruieren. Zuweilen kann dieser allgemeine Drang das Unappetitliche streifen, wenn beispielsweise ein Sportidol wegen Dopings offiziell disqualifiziert wird, um fallweise mal ein olympisches Zeichen zu setzen. Die dann laufend publizierten Urinproben-Bulletins des betroffenen Olympioniken ergeben dann den Stoff weltweiter Stammtischgespräche.

Auch Begriffe können – und hier liegt der Hund begraben – eine solche stellvertretende Rolle spielen, die den Massenmenschen einen Ersatz für seine tatsächliche Ignoranz und Orientierungslosigkeit vermitteln. Dementsprechend werden solche Begriffe, gewöhnlich in Gestalt von Schlagwörtern und Politparolen, zu bloßen Symbolen von Affektlagen verarbeitet. Am besten eignen sich dazu Fremdwörter, vor allem solche, denen die Endung ›-ismus‹ angehängt worden ist. Da die meisten Menschen – einschließlich vieler Akademiker und Journalisten –, die sie verwenden und darauf reagieren, nicht einmal ihre etymologische Wurzel kennen, fällt es ihnen um so leichter, denjenigen Sinn hineinzulegen, der ihrer jeweiligen Affektlage, das heißt ihrem Bedürfnis nach Wunschbildern, Popanzen oder Prügelknaben, entspricht. Ein großer Teil der Meinungskämpfe dreht sich ausschließlich um solche Symbole und Antisymbole, die als vergegenständlichte Ismen und Anti-Ismen auftreten. So haben wir den nichtendenwollenden, von Generation zu Generation fortgeerbten bluternsten Streit um Sozialismus, Kapitalismus, Faschismus, Feminismus, Monopolismus, Kolonialismus, Nationalismus, Imperialismus, Psychologismus, Biologismus, Eskapismus und noch viele andere mehr. Sie haben für die Masse nicht mehr begrifflichen Inhalt als etwa die Farbe einer Vereinsfahne oder das Porträt von Che Guevara. Um auch hier in abschließender Form Goethe zu Wort kommen zu lassen:

»Im Ganzen – haltet euch an Worte!
Dann geht ihr durch die sich're Pforte
Zum Tempel der Gewißheit ein –
Doch ein Begriff muß bei dem Worte sein!
Nur muß man sich nicht ängstlich quälen;
Denn eben wo Begriffe fehlen,
Da stellt ein Wort zur rechten Zeit sich ein.
Mit Worten läßt sich kräftig streiten,
Mit Worten ein System bereiten,
An Worte läßt sich trefflich glauben,
Von einem Wort läßt sich kein Jota rauben.«

Die Zugkraft von Schlagwörtern ist bezeichnenderweise in jenen Gesellschaftsschichten am größten, die durch ihre Arbeits- und Lebensweise am stärksten der Entwurzelung und Entfremdung von der Natur anheimgefallen sind, und ganz besonders pflegen sich hier selbsternannte ›Intellektuelle‹ verschiedener Denkrichtungen hervorzutun. Der Landbewohner, der die meisten seiner täglichen Eindrücke von einer zwar begrenzten, dafür aber begreifbar-konkreten Umwelt erhält, läßt sich viel weniger als der Großstädter durch Parolen aus der Bahn werfen. So gibt es zum Beispiel bei großen Teilen der Arbeiterschaft, aber auch des angestellten Mittelstandes keine schlimmere Ursache geistiger Verwirrung als die Phrasendrescherei unter Gebrauch entlehnter Fremdwörter. Wohlgemerkt: Die sozialen Schichten, die hier in Frage kommen, sind an politischem Interesse und an Sachkenntnis den entsprechenden Kreisen anderer Gesellschaftsschichten (sogenannte Intellektuelle nicht ausgenommen) keineswegs unterlegen, eher im Gegenteil. Sobald man aber in einer Diskussion das Gebiet konkreter Tatsachen verläßt und mit ›Ismen‹ zu arbeiten anfängt, schwindet das Urteil und das Begreifen. Merkwürdig, daß das begriffliche Denken gerade in dem Moment in Gefahr gerät, wo man mit Begriffen umzugehen beginnt. Diese sind dann aber keine geistigen oder wissenschaftlichen Instrumente mehr, sondern affektgeladene Handgranaten, mit denen man um sich wirft. Darum sagte der schon mehrfach zitierte spanische Philosoph Ortega y Gasset in einschlägigem Zusammenhang: »Mich widern Gedanken an, die nicht im Gehirn, sondern mit der geballten Faust produziert werden.« (Die geballte Faust ist bekanntlich das Symbol der Sozialisten.)

Das Desinformationszeitalter, als der wahren Beschreibung unserer Gegenwart, zeichnet sich nach allem Gesagten aus durch die Verwirrung der Begriffe bis zu ihrer vollständigen Umkehrung, die führende Rolle der Medien und der Politik bei diesem Prozeß, eine planvolle Benebelung der Massen, insbesondere im Zusammenhang mit Wahlkämpfen und politischer Agitation um gesellschaftlicher Beglückungsziele aller Art willen, stets einhergehend mit Verunglimpfung und Denunziation des politischen Gegners. Dies wird ergänzt durch eine totale Hilflosigkeit gegenüber fast sämtlichen drängenden gesellschaftlichen Problemen und Aufgaben, die infolgedessen ungelöst liegen bleiben. In dem auf diese Art vorsätzlich herbeigeführten Klima der Destruktion aber schwelen und gedeihen jene Feuerstellen, an denen buntscheckige politische Gruppierungen, groß und klein, harmlos und gemeingefährlich, ihr konspiratives Süppchen zu kochen wissen. Das an erster Stelle ausersehene Opfer dieser unheimlichsten aller Konspirationen ist niemand anders als der autonome Mensch und sein von der Natur vorgegebener Organisationsverband, die Familie.

Kapitel 7

FAMILIENPOLITIK UND VOLKSWIRTSCHAFT

Das vorige Jahr war immer besser.
Börsenspruch

Ein Nachruf auf die Familie

Es liegt auf der Hand, daß die in unseren bisherigen Betrachtungen aufgeworfenen sozialpolitischen Fragen und die Folgerungen, die im Schlußkapitel zu ziehen sein werden, schwerwiegende Erwägungen und Konsequenzen wirtschaftlicher Art nach sich ziehen müssen. Dies gilt sowohl für die Volkswirtschaft im Ganzen als auch für die betroffenen Familien, die sich möglicherweise in weit größerer Zahl als bisher entschließen mögen, im eigenen und im Interesse ihrer Kinder Wege der Einschränkung vielfältiger Art zu beschreiten, wie es dieses Buch, aber auch der bereits eingeschlagene Weg der gesamtwirtschaftlichen Entwicklungen, als zwingendes Erfordernis ohnehin nahelegen.

Wir haben demnach sowohl den makro- als auch den mikroökonomischen Gesichtspunkt in Betracht zu ziehen, wenn wir mit Aussicht auf Erfolg wenigstens die Vorbedingungen eines neuen politischen Modells einkreisen wollen. Ein solches Modell kann naturgemäß im Rahmen dieses Buches zunächst nur in indirekter Weise, das heißt in zwar unscharfen, aber dennoch erkennbaren Umrissen hervortreten; seine vollständige Ausarbeitung würde ein eigenes Buch erfordern, das eines Tages entstehen und auch das Licht der Veröffentlichung erblikken möge. Schon hier ist aber festzuhalten, daß Angelpunkt einer solchen neuartigen, umfassenden politischen Konzeption einerseits das Erziehungswesen und die gesellschaftliche Ethik, andererseits die wirtschaftliche Sicherung ihres Zellkerns, der Familie, zu sein hätte. Von Erziehung und Ethik handelt das folgende Kapitel; hier wollen wir zunächst einige familienpolitische und volkswirtschaftliche Fragen in ihrer gegenseitigen Verknüpfung in den Vordergrund stellen.

Wenn wir denn im Blick auf Deutschland familienpolitische Fragen erörtern wollen, so müssen solche Erörterungen freilich von der bitteren Feststellung ausgehen, daß es eine Familienpolitik, die den Namen verdiente, hierzulande seit vielen Jahren nicht mehr gegeben hat. Dies ist, wie der Leser inzwischen weiß, kein Zufall, und es steht überdies in eindrucksvollem programmatischem Gegensatz zur Grundausrichtung anderer Völker unseres europäischen Kulturkreises – etwa unseres Nachbarn und Schicksalsgenossen Frankreich –, wo die Stärkung und Festigung der ethnischen Substanz und nicht, wie bei uns, ihre vorsätzliche Verschleuderung auf der Tagesordnung steht. So haben Frankreich und andere Staaten auf verschiedenen Wegen dementsprechende familienpolitische Traditionen entwickelt und führen sie konsequent weiter.

Ohne Frage ist die Zerreißprobe, welcher der soziale Mikroorganismus der Familie unter den Bedingungen der modernen Industrie- und Massengesellschaft ausgesetzt ist, ein allgemeines, nicht nur deutsches Problem, wie am Eingang dieses Buches schon festgestellt. Indes zeigen die Art und Weise, wie sich die einzelnen Nationen dieser Probe stellen, überaus charakteristische Unterschiede. Nichts kann die besondere Lage in Deutschland treffender umreißen als der Beitrag, den ein namhafter Volkswirtschaftler, der erst kürzlich verstorbene Prof. Wolfram Engels, unter dem Titel »Nachruf auf die Familie« in der *Wirtschaftswoche* vom 10. 7. 1992 veröffentlichte. Wir zitieren im Auszug:

»Im Christentum ist die Familie der Kern der gesellschaftlichen Organisation. Die Sozialisten dagegen sehen in der Familie einen Hort bürgerlicher Werte, den es zu zerstören gilt. Die wirtschaftlichen Funktionen der Familie sollten auf die Gesellschaft insgesamt übertragen werden... Der Familie sind ihre Funktionen weitgehend genommen worden, deshalb verfällt sie... Da es, wie im Sozialismus, nicht gelungen ist, die Familienmoral auf die Gesellschaft zu übertragen, ist der Mißbrauch des Sozialsystems zugleich ein überragender Kostenfaktor. Dieser hat in der Rentenversicherung die Form der Kinderlosigkeit und vorzeitigen Pensionierung, in der Krankenversicherung die des Krankfeierns mit entsprechender Beanspruchung des Gesundheitswesens, in der Arbeitslosenversicherung die der offiziellen Arbeitslosigkeit, ergänzt durch Schwarzarbeit.

Man kann sich schwer des Eindrucks erwehren, die Zerstörung der Familie sei nicht etwa ein unbeabsichtigtes Nebenprodukt einer wohlmeinenden Sozialgesetzgebung, sondern ihr eigentlicher Zweck. Es hätte überall Gestaltungsformen gegeben, mit denen die Familie gestärkt worden wäre; man hat sie überall verworfen... Die Pflegeversicherung ist ein vorläufiger Schlußpunkt dieser Politik, ein Programm, das das Abschieben der Oma finanziell prämiiert... *Die Bestrafung der Familie hat System...* Die historische Absurdität besteht darin, daß die Zerstörung der Familie heute nicht nur von Sozialisten, sondern auch von Politikern ins Werk gesetzt wird, die sich christlich nennen.«

Diesen Ausführungen ist wenig hinzuzufügen; hier ist die Qualität deutscher ›Familienpolitik‹ in wenigen, markanten Zügen beinahe erschöpfend zusammengefaßt. Der zum Werbefetisch erhobene ›Lifestyle‹ erfährt seine exemplarische Verwirklichung in der Yuppie-Existenz, dem parasitären Singletum als offenbarem familienpolitischen Gesellschaftsziel. Ungeachtet seiner Beutelung durch die Steuerprogression wirkt der oder die ›Single‹ als das Leitbild der allgegenwärtigen Konsumentenwerbung. Nur dieses Leitbild erfüllt lupenrein, da ohne Verantwortung für andere, das gesellschaftspolitische Ideal der uneingeschränkten Selbstverwirklichung, das für eine wachsende Zahl von Menschen das Kernelement im Investitionsplan des Lebens bildet. Männer und Frauen, die ihr Leben in heutiger Zeit der Verantwortung für drei oder vier Kinder widmen, leben trotz öffentlicher Taschengelder, wie Kindergelder oder steuerlicher Freibeträge, an der Armutsgrenze – oft sogar dann, wenn beide Elternteile, wie von den Gewerkschaften ohnehin empfohlen, einer Erwerbstätigkeit nachgehen und ihre Kinder in Gesamtschulen und Tagesstätten entsorgen.

Auf einem ganz anderen Blatt steht jene Rechnung, die das Leben in der Selbstverwirklichung dem alternden Yuppie unfehlbar präsentieren wird, dem spät die Frage nach dem Sinn seines Daseins aufgehen könnte – zu spät. Das fällt dann freilich nicht mehr in den Bereich öffentlicher Anliegen, unter denen die Förderung des schrankenlosen Egoismus einen so prominenten Platz einnimmt. Hier steht dann die Selbstverwirklichung der fälligen Bilanz der Verantwortungslosigkeit in ihrem umfassendsten Sinn Auge in Auge gegenüber.

Nation und ethnische Substanz

Diese Beobachtungen führen direkt zu jenem Kernpunkt unseres Themas, der nach den Spielregeln des pluralistisch ausdifferenzierten Hedonismus, als dem angemessenen politischen Programm unseres Desinformationszeitalters, einer nahezu vollständigen amtlich-medialen Ausblendung unterliegt. Es geht nämlich um die Frage, inwieweit wir der Auszehrung unserer ethnischen Substanz als Nation weiterhin ungestraft zusehen dürfen. Wie früher erwähnt, handelt es sich bei diesem weiteren verhängnisvollen Beispiel bodenloser Verantwortungslosigkeit um eine deutsche Sonderentwicklung als Spätfolge der Nachkriegs- und Besatzungszeit, aber auch eines Generationenwechsels etwa seit 1970. Diese Sonderentwicklung ist seither im Westen wie im Osten unseres Landes gleichermaßen, wenn auch aus unterschiedlichen Motivationen, mit ansteigender Tendenz in Erscheinung getreten.

Die Umkehr der traditionellen Bevölkerungspyramide, mit immer weniger Jungen und immer mehr Alten, ist der sprechende Ausdruck dieser vor allem psychischen Entwicklung; sie ist eine neudeutsche Besonderheit ohne Parallele innerhalb des gesamten europäischen Kulturkreises, zu schweigen von Amerika, Afrika oder Asien. Diesen Sachverhalt aber ausschließlich unter dem Gesichtspunkt des bereits genau vorausberechneten Bankrotts unseres Rentenversicherungssystems zu beklagen, wie bei uns üblich geworden, zeugt von einer an Frivolität grenzenden Nichtswürdigkeit in unserer öffentlichen Auseinandersetzung mit einem humanen und nationalen Schlüsselthema erster Ordnung. Sie gerät zum Verbrechen, wenn eine Kaste politisch agitierender Ignoranten und zweifelhafter Zeitungsschreiber in unserem Land zur Behebung der nahenden Katastrophe die sogenannte multikulturelle Gesellschaft amerikanischen, südafrikanischen oder exsowjetischen Musters proklamiert. Dabei werden alle unausbleiblichen Folgen billigend in Kauf genommen, wie am Beispiel der Stadt Frankfurt am Main mit ihrem Ausländeranteil von bald einem Drittel der Gesamtbevölkerung bereits seit Jahrzehnten abzulesen ist: Asozialität, Kriminalität, Drogen- und Mädchenhandel, Brutalisierung bis in die Schulen hinein – am Ende: der Zusammenbruch aller sozialen Strukturen, die endlich eingetretene Anarchie.

Bereits im Eingangskapitel haben wir die Kreise namhaft gemacht, die ebendiese Entwicklung in unserem Lande zielstrebig voranbringen – oft genug ausgestattet mit einschlägigen öffentlichen Funktionen. Es sind zugleich jene, die es besonders in letzter Zeit auffällig eilig haben, Deutschland zum Einwanderungsland zu erklären – ein Aberwitz sondergleichen bei einer Bevölkerungsdichte von 255 Einwohnern pro km^2 im Bundesdurchschnitt und einem Ausländeranteil nebst einer Arbeitslosenquote von bereits heute annähernd jeweils 10%. Diese Aufforderung zur Einwanderung richtet sich nun nicht etwa an vielleicht beruflich hochqualifizierte, im übrigen uns blutsverwandte Dänen oder Holländer, denn diese und andere europäische Nachbarn haben im Rahmen der EU längst ihr freies Niederlassungsrecht in Deutschland. Sie ergeht vielmehr an Algerier, Sudanesen, Tamilen, Vietnamesen, Zigeuner und ähnliche Exoten in Millionenzahl, die nach den – man könnte meinen in offenbarem Vollrausch gezeugten – Vorstellungen gewisser Volksvertreter hierzulande jenes Rentenkassendefizit auffüllen sollen, für das einheimischer Nachwuchs nicht mehr in ausreichendem Maße zur Verfügung steht. Freilich: Wer ohnehin die Anarchie in diesem Land anstrebt, nämlich um aus ihr eine eigene, neuartige Pöbelherrschaft aufrichten zu können, wählt damit allerdings eine Methode von beeindruckender Unfehlbarkeit.

Das Desinformationszeitalter hält alle notwendigen Hilfsmittel der Deformierung des öffentlichen Bewußtseins bereit, auf daß die Vertreter der multikulturellen Gesellschaft als Verjüngungsrezept für das Einwanderungsland Deutschland weiterhin zuhauf in politische Ämter gewählt werden. Man sehe sich nur aufmerksam besonders in unseren Grün-Rot ›verwalteten‹ Kommunen um – mit oder ohne solidarische ›Duldung‹ durch die SED/PDS – und studiere sorgfältig deren von keinerlei Scheu getrübte öffentliche Verlautbarungen, Vorboten eines multikulturellen Lemmingzuges von schreckeneinflößendem Zielbewußtsein.

Jenseits der vordergründigen Erscheinungsformen unserer auf diese Weise programmierten ethnischen Substanzauszehrung ist festzuhalten, daß dieses unser Leben als Nation akut bedrohende Problem sich, neben seinem materiellen Hintergrund, vor allem auch durch einen zutiefst moralischen Aspekt auszeichnet, wie wir ihn vorhin in einem kleinen Ausschnitt am Negativbeispiel der Yuppie-Existenzform darzustellen suchten. Dieser moralische Aspekt berührt nicht nur die Gesamtheit einer beliebigen Ethnie, sondern zugleich und unmittelbar jedes in ihr existierende Einzelwesen. Es ist dieser geistig-moralische Gesichtspunkt, der letztlich die Lebensgestaltung des Einzelnen wie die kulturelle Bewegungsrichtung der Gesamtheit bestimmt, sei dies in einem aufsteigenden oder absteigenden Zyklus dieser kulturellen Kollektivbewegung.

Wenn die tragende Mehrheit einer über tausend Jahre gereiften Gesellschaft, wie sie sich in Europa seit dem 19. Jahrhundert – in einigen Beispielen, etwa Frankreich oder England, auch schon früher – in der Nation kristallisierte, hinsichtlich ihrer kulturellen, sozialen und religiösen Normen im Konsens lebt, so drückt sich ebendarin ihr Kulturbewußtsein und damit ihre Identität aus. Man kann die Summe aller Faktoren, die hier vielfältig zu einem Ergebnis zusammenfließen, etwas vereinfachend auch als den Moralkodex bezeichnen, in dem die Individuen einer Nation sich wiederzuerkennen vermögen. Unbeschadet der jeweiligen religiösen oder kulturellen Herkunft aber bedeutet in jedem Fall die Vergesellschaftung des homo sapiens, und dies nicht erst seit der Steinzeit: Individualrechte stehen grundsätzlich zurück hinter dem Kollektivinteresse, dem Recht der Gesamtheit – im Falle der modernen Nation zunächst in ihrer ethnischen Substanz und sodann ihrem kulturellen Identitätsbewußtsein. Diese Elemente sind es, die den Einzelmenschen sich seiner selbst bewußt werden lassen und zugleich seiner je eigengeprägten Existenz erst Raum und Richtung verleihen, mit anderen Worten: ihm ermöglichen, in einem tieferen, integralen Sinne zu leben (und nicht bloß zu vegetieren). Das allein ist am Ende, was den Franzosen ausmacht, wie den Norweger, den Japaner oder den Türken.

Es sollte demgemäß und ohne geistige Gewaltsamkeit auch den Deutschen der Zukunft ausmachen, wie es ihn in der Vergangenheit ausgemacht hat. Das aber bedeutet, die lebendige deutsche Gegenwart, umfangen zugleich von Hedonismus und Identitätsverlust, nicht länger zu dulden. Es bedeutet, daß wir zu unseren Wurzeln zurückfinden müssen – nicht gar weit entfernt von jenen Negersklaven im amerikanischen Filmepos *Roots*. Mit ihnen verbindet den modernen Besatzungsdeutschen der zweiten Generation mehr, als er sich klarzumachen pflegt; zu einem Teil schon infolge der Beraubung seiner Eltern um ihre angestammte Heimat, alle Deutschen einschließend aber infolge des ebenso absichtsvoll wie erfolgreich ins Werk gesetzten Verlusts ihrer Identität.

Was bedeutet das? Nichts anderes, als daß wir, die Deutschen an der Jahrtausendwende, die ererbte Fähigkeit unserer Vorfahren wiedererlernen müssen, die unsere Nachbarn, Engländer, Franzosen, Spanier, niemals aus den Augen verloren haben: unsere ethnische Substanz zu wahren vermöge eines moralischen Gewissens um die Nation in unseren Vor- und Nachfahren. Seine notwendige Stütze erfährt dieses Gewissen in jenen administrativen Maßnahmen, wie sie aller Welt als ›Bevölkerungspolitik‹ geläufig sind. Dieses Gewissen und seine politische Untermauerung müssen wieder errichtet werden um unserer Existenz als Kulturnation willen, die fast verloren ist und nur durch kollektiv gewollte, entsagungsreiche, über Generationen zielgerichtete Mühen wiederzugewinnen sind. Wir erinnern an das im Eingangskapitel zitierte Wort Albrecht Dürers vor fast einem halben Jahrtausend. Unter diesem jedem Individualermessen absolut übergeordneten Gesichtspunkt aber ist der Weg der Multikultur, wir sagten es bereits, ein Verbrechen an unserer Zukunft als Volk unter anderen Völkern, somit in recht verstandenem Sinne auch an jedem Einzelnen in unserem Land.

Auf die Lebensgestaltung des Einzelnen übertragen, wie sie im Rahmen wiederherzustellender, verantwortungsorientierter Familienstrukturen die Abfolge vergangener Generationen bestimmt hat, folgen daraus tiefreichende Konsequenzen im Sinne eines Rückbezugs auf die kostbarsten Überlieferungen unserer humanen Verfassung. Diese gipfeln letzlich in der Pflicht der Weitergabe nicht allein des Lebens, sondern auch des von unseren Vorfahren überkommenen humanen Gutes an unsere Kinder und deren Nachfahren. Es handelt sich hier um die höchste denkbare Form kollektiver wie individueller Verantwortung in der endlosen Kette menschlicher Existenz. Hierbei umschreibt der Begriff des ›humanen Gutes‹ den geistig-moralischen Aspekt ebenso wie den physisch-biologischen – geistige Rehabilitierung in unlösbarer Verbindung mit ethnischer Substanzwahrung. In diesem wieder aufzunehmenden bewußten Vollzug der immer wiederkehrenden Aufgabe der Generationen kommt der Familie, von jeher wie auch in Zukunft, die entscheidende Funktion gewissermaßen naturgegeben zu. Dies ist ein Hauptgrund für die in unserer so kleinen, sich dabei so bedeutend dünkenden, in Wahrheit aber verantwortungsverlorenen Gegenwart am Werke befindlichen Bestrebungen, sie zu zerstören, wie es im Zitat von Wolfram Engels so beredt zum Ausdruck kam.

Die Wiedereinsetzung der Familie in ihr unveräußerliches Recht im wohlverstandenen Interesse des Gemeinwesens setzt nicht zuletzt die Wiederherstellung ihrer materiellen Lebensgrundlage voraus.

Auf die hierzu notwendigen konkreten Maßnahmen des Staates, aber auch den unverzichtbaren Mitvollzug des Einzelnen werden wir, wie angekündigt, im weiteren Verlauf dieses Kapitels zu sprechen kommen. Hierbei ist die demographische Faustformel im Blick zu behalten, daß erst die Dreikinderfamilie als Regelfall die Substanzerhaltung – keineswegs schon eine nennenswerte Ausweitung – einer Bevölkerung zu gewährleisten vermag. Die Mehrkinderfamilie ermöglicht auch allein die Wahrnehmung jener Funktion, die einer jeden Generation aufgegeben ist als Mittlerin zwischen Vergangenheit und Zukunft auf jener langen Zeitachse, deren winziger Abschnitt gerade diese unsere bescheidene Gegenwart ist. Auch unsere Generation steht im Kontinuum des nach hunderten Kapiteln zählenden Geschichtsbuchs der Menschheit und ihrer so vielfältig gestalteten Ethnien, aus denen sie nach einem übergeordneten Plan, in Anpassung an viele Klimazonen, komponiert ist. Diesen hochsensiblen Evolutionsplan in modernistischer Verblendung nachbessern zu wollen – womöglich nach den irrationalen Projektionen einer wie immer gearteten ›Multikultur‹ – stellt einen Aberwitz beschränkter Vermessenheit dar, dessen Folgen wir unseren Enkeln ersparen sollten.

Nur in der Wiederherstellung der Familie liegt schließlich auch der einzige Weg zur echten Verwirklichung des Menschen, Mann und Frau, wobei die materiellen Grundlagen nur die Voraussetzungen schaffen, um die seelische und geistige Verwirklichung, wie sie die Betreuung heranwachsender Kinder in allen ihren Altersphasen vermittelt, in der Art und Weise eines kulturellen Selbstgefühls prägend erlebbar zu machen. Hier und nicht im Yuppie-Ideal oder irgendeiner ›Multikultur‹ ist die Transzendenz des einzelnen Lebens verborgen, jener einzig sich darbietende Zugang zur Unvergänglichkeit, wie sie nur der Mensch, der um sein Ende weiß, erträumen kann. Dieser Zugang wird durch egoistische Nabelschau eines aller Verantwortung und Mühsal enthobenen ›Singletums‹ rettungslos versperrt. Die Losung ›nach uns die Sintflut‹ ist zutiefst unmoralisch und fällt auf ihre Propagandisten unerbittlich zurück. Es ist nicht allein die Liebe, welche die Geschlechter nach dem früher zitierten Gleichnis Kolbenheyers zusammenführt, sondern auch der Sinn der freiwillig aufgenommenen Pflicht gegenüber Alten wie Kindern und Enkeln, die Solidarität mit dem umgebenden Menschentum, in das die individuelle Existenz eingetaucht ist. Dieser Sinn ist die Weitergabe eigenen Lebens im majestätischen Strom eines Volkes, das Überleben jener Kultur, an der tausend Ahnen gewachsen sind, indem sie einen unausgesetzten Kampf um sie geführt haben – jene Kultur, auf die wir so selbstverständlichen personalen Anspruch erheben.

Das Sozialprodukt und seine Umschichtung

Bevor wir im Rahmen dieses Kapitels zur Formulierung einiger wirtschaftlicher Grundvoraussetzungen möglicher Sanierung unserer entarteten Gesellschaftszustände übergehen, wollen wir zunächst der grundsätzlichen Position des Einzelmenschen in einer Art Gegenüberstellung zum volkswirtschaftlichen Gesamtgeschehen einige Betrachtungen widmen. Die Volkswirtschaft, als das makroökonomische Geflecht eines Landes, begegnet dem Einzelnen, der sich wirtschaftlich betätigen und dafür bestimmte Fähigkeiten erwerben will oder muß – vielleicht auch an Heirat und Gründung einer Familie denkt – vor allem als Arbeitsmarkt. Hier wird ja auch der Hauptteil des Bruttosozialprodukts, das heißt der volkswirtschaftlichen Gesamtleistung, geschaffen. Ist das systematische Bemühen um berufliche Qualifikation und zugleich persönliche Integrität während der Kindheit und der Jugend des Menschen; das klassische Hauptaufgabenfeld von Elternhaus und Schule, so setzt es sich im Leben des Erwachsenen im Sinne einer Daueraufgabe fort, die niemals als vollständig erledigt angesehen werden kann. Mit diesen Eigenschaften, Integrität und Befähigung, tritt der Einzelne in den freien – und harten – Wettbewerb des Berufs- und Wirtschaftslebens, gleich an welchen Ort ihn Neigung, Können und das unentbehrliche Quentchen Glück stellen, ob in selbständiger oder unselbständiger Betätigung.

Hierbei ist für den Einzelnen unerheblich, ob seine Tätigkeit wertschöpfend, wie zum Beispiel beim Facharbeiter, oder wertverbrauchend, wie etwa beim Beamten oder beim Verwaltungsangestellten, ist. Seine Hingabe von 1800 oder 2000 Arbeitsstunden pro Jahr – um uns an derzeitigen deutschen Verhältnissen zu orientieren – ist für ihn sein Wertschöpfungsprozeß, auf dem seine Monats-, Jahres- und Lebenskalkulation aufbaut, einschließlich der Vorsorgemaßnahmen für Krankheit und Alter. Diese Kalkulation beruht für den Unselbständigen hauptsächlich auf dem allgemeinen Tarifnetzwerk, das für die einzelnen Wirtschaftzweige in jeweiligem Interessenausgleich mit den Gewerkschaften herauszuarbeiten ist, daneben auf außertariflichen, individuellen Leistungsanteilen. Bei den Selbständigen halten sich größere Einkommenschancen und erhöhtes Risiko in (nicht selten labilem) Gleichgewicht im Vergleich zu den Unselbständigen.

Ziehen wir nun den Arbeitsmarkt der Bundesrepublik Deutschland – im Sinne besserer Vergleichbarkeit der alten Bundesländer – näher in Betracht, so stellen wir seit seiner Entstehung in der Nachkriegszeit bis heute erstaunliche Strukturveränderungen in qualitativer wie quantitativer Hinsicht fest. Technischer Fortschritt, neue

Produkte, die Entwicklung der Arbeitskosten und Rationalisierungseffekte bewirkten in den vergangenen vierzig Jahren ebenso massive Gewichtsverschiebungen innerhalb der einzelnen Wirtschaftsbereiche und Branchen wie Änderungen des Verbrauchs - und Freizeitverhaltens in der Bevölkerung insgesamt. Diese vielfältigen Wirkungen, die nichtsdestoweniger in enger Wechselwirkung untereinander zustande kamen und kommen, finden in aufschlußreichen Eckdaten der deutschen Volkswirtschaft ihren Niederschlag.

So waren zum Zeitpunkt der Währungsreform im Jahre 1948 in den damaligen westlichen Besatzungszonen – dem späteren Gebiet der Bundesrepublik Deutschland-West – 19 Millionen Menschen erwerbstätig, einschließlich des staatlichen Bereichs, des öffentlichen Dienstes und der Beamten. Die Zahl der Erwerbstätigen stieg bis zum Jahre 1990 auf 29 Millionen, das heißt um über 50 Prozent. In derselben Zeit fielen etwa 5 Millionen Arbeitsplätze in der Wirtschaft, produzierendem Gewerbe und Dienstleistungen, der Rationalisierung, dem Aussterben von Traditionsbranchen wie der optischen und der Textilindustrie, der technologischen Überalterung infolge schrumpfender Märkte und schließlich dem wachsenden Anteil der Importe am Gesamtverbrauch zum Opfer. Rechnet man diesen Verlust an Erwerbsstellen von der Ausgangszahl der Beschäftigung ab, so beträgt die Steigerungrate von 1948 bis 1990 sogar über 100 Prozent. Die Beschäftigungsquote stieg von 27 Prozent der Gesamtbevölkerung im Jahre 1948 auf 46 Prozent im Jahre 1990; bei der letztgenannten Zahl bleibt eine siebenstellige Dunkelziffer an Schwarzarbeitern unberücksichtigt, die 1948 kaum in Erscheinung traten.

In derselben Zeit stieg das Bruttosozialprodukt je Einwohner in Preisen von 1990 von DM 7 200 auf über DM 40 000, das heißt weit über das Fünffache, so daß trotz Inflation und Ansteigen der Abgaben- und Steuerquote von 28 auf über 45 Prozent ein stetig wachsender Anteil des Volkseinkommens für Konsumzwecke zur Verfügung stand. Die Inflationsrate bewegte sich dabei unter CDU-Regierungen im Bereich von zwei bis drei Prozent, unter sozialdemokratischen Regierungen bei sechs bis sieben Prozent pro Jahr. Der Staatsanteil begann 1948 mit 29% und liegt heute bei sage und schreibe 50% des Bruttosozialprodukts.

Die hinter diesen Zahlen stehende gewaltige Wirtschaftsleistung mit einer Steigerungsrate des realen Bruttosozialprodukts, also abzüglich Inflation, von 3 bis 4% im langjährigen Durchschnitt – es begann unter Adenauer mit +12% pro Jahr, heute verzeichnen wir erstmalig auch negative Werte – war trotz enormer Rationalisierungseffekte in Produktion und Dienstleistungen nur durch die oben dargestellte Erhöhung der Beschäftigtenzahl von 19 auf 29 Millionen möglich, bei einer Entwicklung der Gesamtbevölkerung von 52 auf 64 Millionen Einwohner (+22%). Die zehn Millionen zusätzlicher Arbeitsplätze konnten nur besetzt werden durch

- Aufnahme von rund 12 Millionen Flüchlingen aus Ostdeutschland und der nachmaligen ›DDR‹, davon schätzungsweise ein Anteil von 5 Millionen Erwerbstätigen der ersten Generation in der frühen Nachkriegszeit;
- die Einwanderung von rund 6 Millionen Ausländern, davon etwa 60% Erwerbstätige in der ersten Generation;
- die überdurchschnittliche Zunahme der weiblichen Beschäftigten von ca. 6 Millionen im Jahre 1948 auf etwa 14 Millionen im Jahre 1990, mithin um rund 135%, und des weiblichen Anteils an der Gesamtbeschäftigung von 18% im Jahre 1948 auf 48% im Jahre 1990.

Im Jahre 1996 verzeichnen wir nun im wiedervereinigten Deutschland, bei über 80 Millionen Einwohnern und einer potentiellen Gesamterwerbsquote von 47% oder 37 Millionen Arbeitsplätzen, eine amtlich registrierte Arbeitslosigkeit von über vier Millionen, einschließlich der verdeckten aber bereits von fünf Millionen, davon in der Mehrzahl Frauen. Der jährliche Aufwand für Unterstützungsleistungen aller Art nähert sich dem Betrag von DM 70 Milliarden. Mit dieser Zahl der zur Disposition gestellten Arbeitsplätze nähern wir uns Verhältnissen, wie sie in den Untergangsjahren der Weimarer Republik 1931–32 bestanden. Natürlich ist der Status des Empfängers von Arbeitslosenunterstützung heute in keiner Weise mit dem von 1932 vergleichbar, die damals in unzähligen Fällen Hunger für die ganze Familie bedeutete, Verzicht auf Winterkleidung, Heizung nur zum Sonntag. Auto, Telefon, Kühlschrank und Fernseher, weithin Begleiter heutiger Arbeitslosigkeit, wären damals als phantastische Luxusgüter betrachtet worden. So weit also sind wir noch nicht.

Die Weichen in Richtung eines erheblich bescheideneren Wohlstands in Deutschland – kein Anlaß zum Angstgeschrei, aber doch ein für (fast) alle fühlbarer Einschnitt in einen liebgewordenen Lebensstandard – sind durch historische Ereignisse in Gestalt von Wiedervereinigung und weltweiter Strukturkrise, aber auch durch politische Eingriffe der Lohn- und Steuerpolitik, die öffentliche Verteufelung nahezu aller Zukunftstechnologien und als deren Folge die Auswanderung ganzer Branchen, weitgehend vorgezeichnet. Alle Fachleute sind sich darüber einig, daß auch bei kräftiger Erholung der Wirtschaftstätigkeit in den kommenden Jahren, infolge der inzwischen vollzogenen Entschlackung aller Branchen und Betriebe von allen nicht unbedingt lebensnotwendigen Arbeitsplätzen und entsprechend weiterer Mechanisierung der Arbeitsvorgänge in kräftigen Schüben, eine Wiederherstellung der Beschäftigungsquote der früheren Jahre nicht zu erwarten ist. Der Kapitalaufwand für einen ›intelligenten‹ Arbeitsplatz hat in einigen Branchen den Betrag von DM 2 Millionen überschritten. Auf der Strecke bleiben Ungelernte, Studienabbrecher, Beschäftigte in schrumpfenden Branchen und überall ein überproportionaler Anteil an Akademikern, vor allem Berufsanfängern, in vor wenigen Jahren noch blühenden Großbranchen wie beispielsweise der Chemie; und Frauen.

Wir lernen jetzt die Kehrseite der Medaille kennen, die sich in den vergangenen Jahrzehnten in Gestalt scheinbar nicht endenwollenden Wirtschaftswachstums, zeitweise akuter Knappheit an Arbeitskräften, millionenfacher Anwerbung von Frauen und Zuwanderern, Schaffung von Teilzeitplätzen sowie eines Trends zur Akademisierung auch von Berufsbereichen, die früher mit bestem Erfolg von Personen mit Mittelschulabschluß bewältigt wurden, gezeigt hatte. Diese glitzernde Vorderseite der Medaille hatte nämlich, seit ihrer Prägung im sogenannten Wirtschaftswunder, eine täuschende Eigenschaft an sich: Sie war Produkt einer anormalen gesamtwirtschaftlichen Situation, wie sie für die Wiederaufbauzeit nach dem Zweiten Weltkrieg, und nur für diese, kennzeichnend war und sein konnte.

Die europäischen Volkswirtschaften, auch in den Ländern, die auf der Siegerseite des Zweiten Weltkriegs standen, zeigten schwere Schlagseite und hatten große Umstellungsschwierigkeiten von der Kriegs- auf die Friedenswirtschaft. Die mit Abstand größte von ihnen aber, die deutsche, einstmals Lebensgrundlage für 80 Millionen Menschen, lag völlig zerstört am Boden. Die Bausubstanz vieler deutscher Großstädte war bis zu 80 Prozent vernichtet, die Infrastruktur, Bahnen, Brücken usw. schwer geschädigt. Die finanzielle Initialzündung des Marshall-Plans, der vergleichsweise lächerliche Beträge ausmachte, im Verein mit der entschlossenen Politik zur freien Marktwirtschaft des damaligen Wirtschaftsministers Ludwig Erhard und seiner höchst verdienten theoretischen Wegbereiter (allen voran Alfred Müller-Armack, als prominentester Vertreter der Freiburger Schule der Nationalökonomie), trafen auf einen vollständig ausgedörrten Markt. Man mochte produzieren, was und wieviel man wollte – es wurde alles, aber auch alles gekauft, gewiß im Rahmen der damals noch bescheidenen Kaufkraft. Die Produzenten waren Könige im Land, der Kunde mußte sich in Geduld üben, bis er aufgerufen wurde.

Dieser Zustand dauerte aber nicht gar lange. Die Produktions-und Handelskapazitäten wuchsen sprunghaft von Jahr zu Jahr, die Auslandskonkurrenz wurde wach, die Preisbindung für Konsumgüter fiel, und unversehens entstanden hier und da erste Käufermärkte: bei Süßwaren, Spirituosen, Textilien, Hausgeräten entflammte ein teilweise ruinöser, konzentrationsfördernder Wettbewerb der Anbieter. Es entstanden neue Großhandelsformen, merkwürdigerweise ausgehend vom Ruhrgebiet, wo Abermillionen vagabundierenden Kapitals aus Stillegungsprämien für unrentable Zechen nach lukrativer Anlage suchten. So wandelten sich bekannte Namen, die man vormals nur im Zusammenhang mit Kohle, Erzen oder Treibstoffen kannte, in Großunternehmen des Handels, wie Stinnes und Haniel. Einstige Monopole, wie zum Beispiel bei Glühlampen, schmolzen unter den Strahlungen des Kartellamts, und blühende Oligopole kippten unter dem gnadenlosen Kampf um Marktanteile.

Die späten sechziger und die siebziger Jahre waren bereits gekennzeichnet von ersten Rezessionserscheinungen, der berühmten ›Talsohle‹ des gescheiten sozialdemokratischen Wirtschafts- und Finanzministers Karl Schiller, und den Ölschocks, die orientalische Scheichs der Wirtschaftswelt versetzten. Es war plötzlich aus mit dem uferlosen Optimismus, und es entstand der Club of Rome: Man diagnostizierte, auch aus ökologischer Sicht, Grenzen des Wachstums.

Heute, unter dem Druck einer weltweiten Wirtschafts- und Beschäftigungskrise, stehen Vorschläge zur Rationierung und Zuteilung verbleibender Arbeitsplätze auf dem Programm von Regierungen, Gewerkschaften und Konzernleitungen. Deutschland hat sich bis heute die höchsten Löhne, den längsten Urlaub und das dichteste Netz sozialer Sicherungen, hier und da dreifach genäht, geleistet. Diese Zeit ist ein für allemal vorbei, da Staaten wie Korea, Malaysia, Taiwan und Mexiko Stahl, Textilien, Elektronik, Computer, Schiffe, Automobile, Kameras und Hausgeräte in absolut vergleichbarer Qualität zu einem Bruchteil unserer Arbeitskosten herstellen.

Als dauerhafte Abwendung unseres wirtschaftlichen Niedergangs wird daher mit Recht der Ruf nach mehr intelligenten Produkten und Technologiesprüngen laut, die jene Länder (noch) nicht zu liefern vermögen. Aber einmal unterstellt, daß trotz Verteufelung und Behinderung jeder Art einige wenige Zukunftstechnologien vielleicht doch im Lande bleiben – für wieviele Arbeitsplätze und mit welcher Qualifikation wird das reichen? Kapital- und Lohnaufwand müssen in einer gewissen Balance stehen, und wo jener progressiv ansteigt, muß dieser zumindest linear abgesenkt werden. Bei Eintreten einer nachhaltigen wirtschaftlichen Erholung werden Kapitaleinsatz und Wertschöpfungsrate in Deutschland möglicherweise ausgeprägter ansteigen als im Durchschnitt früherer Jahrzehnte, die Lohnsumme aber eher sinken, wie wir in verschiedenen Branchen bereits beobachten können, und danach allenfalls beim Inflationsausgleich stagnieren, und dies für immer weniger Arbeitskräfte.

Eine Modellrechnung bis zum Jahre 2010, die von einer durchschnittlichen Steigerung der Wertschöpfungsrate von drei Prozent, aber einem realen Lohnaufwand von plus-minus Null pro Jahr ausgeht, erscheint ziemlich realistisch. Das bedeutet ein Bruttosozialprodukt von annähernd DM 2,8 Billionen, bei einer stagnierenden Gesamtbeschäftigung von vielleicht 28 Millionen im wiedervereinigten Deutschland. Im Vergleich zum Jahre 1990 würde der Einkommensanteil pro Kopf der Bevölkerung im Verhältnis zum Bruttosozialprodukt um zwanzig Prozent niedriger liegen. Seien wir Realisten: Es kann nicht sehr viel besser kommen.

Aus dieser Betrachtung ergibt sich aber auch die Notwendigkeit einer gänzlichen Neubewertung der abhängigen Frauenarbeit, mit dem Schwerpunkt bei jenen Frauen, die als Mütter minderjähriger Kinder nach dem gegenwärtig immer noch amtlichen Parteien- und Gewerkschaftsideal zur Doppelbelastung verurteilt sind. Sie und ihre Kinder dürfen, vermittels weiter ansteigenden Leidensdrucks durch Arbeitslosigkeit, auf bessere Zeiten hoffen. Das unseren Politikern aller Schattierungen so teure Konzept der bedingungslosen Gleichstellung der Frau mit dem Mann am Fließband oder im Büro, auf der Baustelle und am Fahrkartenschalter um jeden, auch unbezahlbar werdenden Preis, zeitigt das bekannte Kurieren an Symptomen, wie dies immer bei unlösbar gewordenen Zielkonflikten zu geschehen pflegt.

Ein vieldiskutierter Versuch in dieser Richtung ist die Teilzeitbeschäftigung für beide Geschlechter, das heißt, Vater und/oder Mutter sind von Fall zu Fall teilzeitbeschäftigt, um den Arbeitsmarkt zu entlasten und sich in der erwerbsfreien Zeit beiderseits der Kindererziehung und der Haushaltsführung zu widmen. Im Ansatz ist dieses Konzept gar nicht abwegig: Die zur Verfügung stehende Erwerbstätigkeit kann auf mehr Arbeitssuchende verteilt werden, und die Kinder sind in der einzig vernünftigen Obhut und Betreuung, nämlich durch ihre Eltern. Es entstünden, in arithmetischer Betrachtung, mehr Arbeitsplätze, allerdings bei insgesamt unvermeidlichen Lohneinbußen für die Beteiligten. Merkwürdigerweise will aber dieses Konzept nicht, wie von seinen Urhebern gewünscht, auf breiterer Front Fuß fassen, weshalb man die Unternehmer in die Pflicht nehmen möchte, Frauenquoten bei der Einstellung, erheblich mehr Teilzeitplätze und neuerdings sogar Betriebskindergärten zu schaffen. Die Unternehmen tun sich indessen schwer, dem damit programmierten Modell des volkseigenen Betriebs realsozialistischer Prägung, wie er noch in unser aller Erinnerung ist, zielstrebig näherzutreten. Die Gründe dafür kann jeder Praktiker, beispielsweise ein Personalchef, an fünf Fingern aufzählen.

Da ist zunächst einmal eine gravierende Einschränkung: Teilzeitarbeit war, ist und wird immer eine Beschäftigung für untere, höchstens mittlere Qualifizierungsstufen sein; und stets nur nach Maßgabe der Bedarfsspitzen in bestimmten Funktionen oder Zeitabschnitten, neuerdings ›Korridore‹ genannt, innerhalb des einzelnen Unternehmens. Somit taugt das aus der Praxis als Aushilfsmittel gewachsene Konzept der Teilzeitarbeit nicht zum philosophischen Baustein einer allgemeinen Personalpolitik. Die Bewerbung einer Karrierefrau oder eines leitenden Mitarbeiters auf Basis einer Teilzeitarbeit darf als aussichtslos gelten, schon deshalb, weil die mit leitenden Positionen verbundene Verantwortlichkeit nicht teilbar ist und auf einer Brücke nicht zwei Kapitäne wirken können. Aber auch angesichts abgeflachter Unternehmenshierarchien, bei denen der Spezialist an Bedeutung für die Gruppenarbeit stark zugenommen hat, ist voller Einsatz gefragt, und nicht Teilzeitarbeit. Hinzu kommt der nicht zu unterschätzende, nämlich mehr als doppelte Verwaltungs- und Sozialaufwand bei zwei Mitarbeitern auf einem Arbeitsplatz, den Unternehmen immer nur in Grenzfällen zu tragen bereit sein werden. Der öfters hervorgehobenen höheren Motivierung eines Mitarbeiters, der statt 8 nur 4 Arbeitsstunden vor sich hat – übrigens nicht unbedingt ein Ausweis erhöhten Engagements – steht der unvermeidliche

Verlust an Rüstzeiten gegenüber, beim Eintreffen, Ordnen, Einrichten und nach wenigen Stunden dem Zusammenräumen: Ablösung folgt.

Eine weitere, oft beschworene Chimäre ist das Abdriften der Beschäftigungsstruktur, die Verlagerung des Schwerpunkts von der industriellen zur Dienstleistungsgesellschaft mit ihrem vermuteten Arbeitsplatzpotential. Sicherlich ist der tertiäre Sektor noch längst nicht am Ende seiner Möglichkeiten, doch wird gerade hier rigoros auf Personaleinsparung durch konsequenten Einsatz von Rechnernetzen und Personalcomputern gesetzt. Im Bereich der Banken weisen beispielsweise aktuelle Planspiele auf ein flächendeckendes Filialsterben, mit dem Wegfall Zehntausender Arbeitsplätze als Folge des neuzeitlichen ›Telebanking‹, etwa ab dem Jahr 2000. Auch wird gern vergessen, daß Dienstleistungen nur gekauft werden können, wo produziert wird, das heißt tangible Wertschöpfung stattfindet. Schrumpft die produzierende Grundlage, dann mit ihr die Basis des ganzen tertiären Bereichs. Ein amerikanischer Wirtschaftler, bedrückt von der industriellen Erosion, die nunmehr schon seit vielen Jahren, vielerorts eher in schleichender Weise, sein Land heimgesucht hat, drückte es unlängst plastisch aus: Eine Dienstleistungsgesellschaft, also eine solche, die nur noch aus Banken, Versicherungsmaklern, Warenhäusern und Haarstylisten besteht, ist eine Illusion. In der Tat, sie würde bereits in der Entstehungsphase an ökonomischem Sauerstoffmangel zugrunde gehen.

Nehmen wir aber ein wichtiges Motiv aus dem Teilzeitmelodram wieder auf: die darin inbegriffen zum Ausdruck kommende Bereitschaft zum individuellen Einkommensverzicht, im Vergleich zu zwei ganztägig im Erwerbsleben stehenden Ehepartnern oder Elternteilen. Diese begrüßenswerte Tendenz, zu Ende gedacht, würde zu einigen Konsequenzen führen:

- Die Familieneinkommen und Kaufkraft Teilzeitbeschäftigter sinken, ebenso ihre Steuern und Sozialbeiträge;
- durch Nachrücken frischer Teilzeitbeschäftigter vom Arbeitsmarkt wird zwar die Arbeitslosenquote unwesentlich abgesenkt; gleichzeitig steigt der Verwaltungs- und Sozialaufwand der Unternehmen, und dementsprechend sinkt ihre Konkurrenzfähigkeit;
- Folge davon ist weitere Rationalisierung, das heißt der Abbau des absolut verfügbaren menschlichen Arbeitsanteils pro Unternehmenseinheit, ob produzierend oder im Dienstleistungsbereich;
- hieraus folgt eine tendenziell weitere Erhöhung der Arbeitslosigkeit, wenn nicht durch Rationalisierung, dann durch Unverkäuflichkeit der Produkte infolge der nicht mehr konkurrenzfähigen Preisbildung;
- am Ende steht der Staat mit sinkenden Steuereinnahmen und Sozialabgaben infolge schrumpfender Unternehmensgewinne und Nettobeschäftigung; seine Bewegungsfreiheit zu schöpferischen Initiativen im gesellschaftlichen Gesamtprozeß, bereits jetzt gegen Null tendierend, ist völlig aufgezehrt.

Eine derartige Entwicklung der makroökonomischen Zusammenhänge ist nun aber so oder so unvermeidlich. Aus dieser Not in historischer Dimension eine ebensolche Tugend zu machen, die nicht nur unserer angeschlagenen Wirtschaft die Flexibilität erhält, sondern gleichzeitig unsere gesellschaftlich-kulturelle Krise wenigstens auf den Weg der Heilung zu bringen vermöchte – eine solche Aufgabenstellung überforderte wohl, wie zu befürchten steht, unsere Strukturen der politischen Willensbildung. Uneigennützigkeit, Aussprechen auch unangenehmer Wahrheiten, Wille zur politischen Durchsetzung langfristiger Ziele durch momentane Einschränkung sind von unserem Parteiensystem in seiner gegenwärtigen Verfassung nachweislich nicht zu erwarten. Der Leidensdruck muß erst noch weiter steigen, mit der stetigen Gefahr des schließlichen Kippens des gesamten Systems unter der Einwirkung sowohl innerer als auch äußerer Kräfte.

Neue Perspektiven

Da es in der beschriebenen Lage unseres Landes und seiner Menschen unmoralisch wäre, aufzustecken, solange unsere verschütteten kulturellen Grundlagen noch ausgegraben werden könnten, um die Pfeiler einer künftigen Gesellschaftsstruktur zu tragen, die den Namen ›modern‹ in einem positiven, auf der geistigen Höhe der Zeit stehenden Sinne verdiente, beschäftigen wir uns mit folgender Alternative:

1. Es ist skandalös, wie seit schon allzu vielen Jahren die größte Berufsgruppe in unserem Lande, nämlich die dreizehn Millionen ›Nur-Hausfrauen‹ – eine fast unverschämte, nichtsdestoweniger vollständig eingebürgerte Formulierung – wie eine Randgruppe behandelt wird. Der nicht mehr hinnehmbare Zustand, daß Mütter, die im besten Interesse der Gesellschaft Haushalt und Kinder betreuen, sich hierzulande ohne unabhängiges, von der Gemeinschaft – ähnlich den verschiedenen Formen der Arbeitslosenunterstützung – aufzubringendes Einkommen durchschlagen müssen, ist zu beenden. Hier und nicht in der Pflegeversicherung liegt der Ansatzpunkt einer neuen Epoche der Sozialpolitik. Die unseren Nachwuchs erziehende Mutter hat Anspruch auf staatlich zu gewährleistendes Einkommen einschließlich Sozialanteilen, unabhängig von den Erwerbseinkünften ihres Mannes – eher als sehr viele Bezieher staatlicher Alimente in Millionenzahl, deren Ansprüche seit Jahrzehnten keiner Diskussion unterliegen, so nötig diese einmal wäre. Weder das eine noch das andere heiße Eisen wird indes

angefaßt, denn es könnte ja mehr Wählerstimmen kosten als einbringen – immer wieder derselbe institutionelle Hemmschuh.

2. Würden wir einmal unterstellen, daß ein solches Angebot vier bis fünf Millionen in diese Kategorie fallende Frauen in Deutschland veranlaßte, ihre Doppeltätigkeit in Beruf und Haushalt aufzugeben, so würde nach derzeitiger Rechnung ein Staatsaufwand von etwa DM 100 bis 120 Milliarden entstehen: das entspricht weniger als einem Drittel des gegenwärtigen Jahresaufwands im deutschen ›Gesundheitswesen‹, das unter streng sachlicher Kosten/Nutzenbetrachtung nach dem demokratischen Prinzip der Subsidiarität ohnehin um ebendiesen Betrag, also um reichlich 100 Prozent, überhöht ist. Folgende weitere Wirtschaftsgrößen können zu seiner direkten Selbstfinanzierung herangezogen werden:

- Abnahme der Arbeitslosigkeit um mindestens die halbe Kopfzahl, also 2,5 Millionen, durch freiwerdende Stellen = DM 50 Milliarden.
- Einsparung im öffentlichen Dienst, etwa 5 bis 6 Millionen verfassungsmäßig zu garantierender Kindergartenplätze und Tagesstätten nebst Verwaltungs- und Betreuungsaufwand = DM 30 Milliarden.
- Verringerung explodierender volkswirtschaftlicher Schäden infolge Jugendkriminalität, Therapierung Drogenabhängiger, Inanspruchnahme psychiatrischer Anstalten und allgemein des Gesundheitswesens infolge Arbeitsüberlastung = DM 20 Milliarden.
- Überfällige rigorose Einschnitte in den Krankenkassenmoloch selbst, auch gegen das persönliche Interesse seiner Funktionäre, der Weißkittelarmee und der Pillenproduzenten, wie sie in ersten zaghaften Schritten gerade eingeleitet werden.

Sollte nach Berücksichtigung der genannten, bewußt vorsichtig angesetzten Beträge der Selbstfinanzierung wider Erwarten doch noch ein Restdefizit übrigbleiben, so sollte eine Nation wie die deutsche zur Tagesordnung übergehen. Denn gewonnen wäre eine Grundlage, ein erster Ansatz zur Gesundung unserer Gesellschaft – sicherlich ein immaterieller Wert, aber von nicht zu ermessender Größe. Selbstverständlich ist bei diesem Konzept zu unterstellen, daß der modellhaft beschriebene Zustand gesellschaftlicher und finanzwirtschaftlicher Umschichtung einen Übergangszeitraum von mindestens fünf bis zehn Jahren in Anspruch nehmen dürfte, bis er erreicht ist.

Was wären die indirekten, nicht weniger hoch zu veranschlagenden Nebenwirkungen?

- Das verknappte Angebot an Arbeitskräften steigert den Wert und die Chancen der verbliebenen Bewerber;
- die unserem System innewohnende, nichtsdestoweniger unverantwortliche Überforderung von Millionen Frauen für einen infolge der Steuerprogression nur beschränkten Zusatznutzen wanderte dahin, wohin sie gehört: auf den Abfallhaufen der Sozialgeschichte;
- die Familien können in getrennten Rollen von Mann, Frau und Kind, wie sie von der Natur selbst in unzweifelhafter Deutlichkeit gesetzt sind und überdies in ihrer Rationalität modernen wirtschaftswissenschaftlichen Anforderungen entsprechen, wieder zu sich selbst kommen – seelisch gesunden durch Beschäftigung mit Dingen, die jenseits aller Kaufkraftsteigerung das Dasein eigentlich ausmachen, möglicherweise sogar kulturellen. Das aber heißt vor allem: Zeit füreinander haben. Wie sagte doch Michael Ende in seinem weltbekannten Buch *Momo:* »Zeit ist Leben, und das Leben wohnt im Herzen«;
- die neue Familien- und Gesellschaftsstruktur wird nun in der Tat die Phantasie der Wirtschaft wie der

öffentlichen Verwaltung bei der Einrichtung von Teilzeitarbeitsplätzen am Wohnsitz der betreffenden Frauen beflügeln, mit Hilfe der heute verfügbaren Kommunikationstechnik;

- dieser Trend wiederum wird den einschlägigen Systemanbietern eine Sonderkonjunktur bescheren, die auch exportfähig wäre;

kurz, der Phantasie sind hier kaum Grenzen gesetzt. Nennen wir, dieses Kapitel abschließend, auch noch die Verlierer: Demagogen aller pluralistischen Schattierungen, Apotheker, Psychiater, Sozialisten, FeministInnen, Gewerkschaftsfunktionäre, Spielautomatenhersteller und Drogenhändler.

Kapitel 8

WAS IST ZU TUN? – PRINZIP ARCHE NOAH

Wenn du dein Herz richtetest
Und deine Hände zu Ihm ausbreitetest,
So möchtest du dein Antlitz aufheben
ohne Tadel und würdest fest sein,
ohne dich zu fürchten;
Und dürftest dich dessen trösten,
daß Hoffnung da sei.

Hiob 11, 13–10.

Wir fassen zusammen: die europäische Kultur und Überlieferung, das abendländische Menschenbild sind, als unentbehrliche geistige Grundlagen unseres individuellen wie öffentlichen Lebens, unserer Identität schlechthin, in wirklich tödlicher Gefahr. Nicht, daß es keine nennenswerte Minderheit unter unseren Zeitgenossen gäbe, die sie entweder klar erkennten oder vielleicht auch mehr unbewußt empfänden; es gibt diese Zeitgenossen, und gelegentlich kommen sie sogar in der Öffentlichkeit, wenn auch nur am Rande beachtet, zu Wort: Zeitungsartikel in zumeist konservativen Blättern, Predigten von der Kanzel, eine Laudatio zu irgendeinem Kulturpreis. Den allermeisten dieser ziemlich einsamen Stimmen eignet dabei die ausdrückliche oder unterschwellige Vorstellung, unsere demokratisch-pluralistischen Institutionen seien theoretisch noch in der Lage, den beklagten Entwicklungen Einhalt zu gebieten; sie, die Institutionen also, ruft man an. Vor allem aber wird, häufig mit Rücksicht auf den festlichen Anlaß oder redaktionelle Besorgnisse, vermieden, bei der Beweisführung oder auch nur der allgemein anklagenden Grundstimme Roß und Reiter zu nennen.

Dies aber ist zwingende Notwendigkeit, denn die Bataillone der Destruktion sind seit langem in tiefgestaffelter Formation angetreten, ihr Werk über alle nutzbaren Kanäle zu fördern; und dies, wie wir täglich beobachten können, bereits mit umfassendem Erfolg.

Hier gilt es, Masken herunterzureißen, besonders solche einer sogenannten populistischen ›Gerechtigkeit‹ nach der Fiktion von der Gleichheit aller, die meist das Eigentümliche an sich hat, in ihren Auswirkungen, insbesondere den finanziellen, Dritte zu betreffen, die ihrerseits gar nicht gefragt worden sind. Derartige Maskierungen angeblicher sozialer Gerechtigkeit gehen in merkwürdiger Übereinstimmung fast stets auch mit persönlicher Selbstbereicherung der betreffenden Akteure einher, seien dies Politiker, Gewerkschaftsfunktionäre oder Medienmissionare. Es gilt, Sachzusammenhänge bloßzulegen, deren öffentliches Eingeständnis nicht jedermanns Sache ist, und Verantwortlichkeiten herauszuarbeiten, die deswegen unbequem sind, weil sie in der Konsequenz uns alle angehen. Insofern konnten einige Aussagen dieses Buches nicht anders, als nach einer altdeutschen Redewendung ›starken Tobak‹ zu verabreichen. Der geduldige Leser möge verzeihen, wenn an wenigen Stellen womöglich ein leicht polemischer Unterton gestreift wurde. Aber auch das ist unvermeidlich angesichts der Auseinandersetzung mit Elementen unserer Gesellschaft, die sich vor allem durch perfide Intoleranz und schrilles Marktgeschrei bemerkbar machen; zu schweigen von jenen zahllosen, geradezu obszönen Ausfällen in Wort und Tat, die unsere heutigen öffentlichen Zustände – verglichen mit nicht lange zurückliegenden Zeitläuften – kennzeichnen. Man sieht die mit Graffiti verzierten Universitätsgebäude, Kirchen und Verkehrsmittel, von einigen fortschrittlichen Stadtverwaltungen bereits als ›Kunstäußerungen unserer Gegenwartsgesellschaft‹ eingestuft, und bedenkt das alte Wort: Narrenhände beschmieren Tisch und Wände. Für die turnusmäßige Reinigung wenigstens der gröbsten Verunstaltungen kommt dann die Stadtkasse auf; mit dem Rest hat man sich gewöhnt zu leben.

Wer sind wir denn, wo leben wir eigentlich? Sind das unsere vier Wände, wollen wir das und in Zukunft Schlimmeres? Nein, es gilt, aufzustehen gegen die Verhunzung unseres öffentlichen und privaten Lebens; es gilt, die Viren in der angegriffenen Zelle menschlicher Gemeinschaft, der Familie, entschlossen auszuräuchern. Dies hat dabei nicht nach der Methode der Schulmedizin, das heißt durch Kurieren an Symptomen, zu geschehen; vielmehr ist dem Gesellschaftskörper selbst wieder zu jener Immunität gegen alle ihn ruinierenden Keime zu verhelfen, die allein die Chance der Gesundung bietet.

Wesentliche geistige Voraussetzungen – und nur um eine Auseinandersetzung mit Mitteln des Geistes und der Sozialhygiene kann es sich handeln – wurden in den vorhergehenden Kapiteln aufgezeigt. Verzicht auf Vollständigkeit der Darstellung war in dem vergleichsweise schmalen Rahmen dieses Buches ein praktisches Gebot; im Vordergrund stand daher die Herausarbeitung nicht immer leicht entwirrbarer Zusammenhänge zwischen den eigentlichen Phänomenen. Das eingehendere Studium mancher der in unserem Text zitierten Autoren empfiehlt sich dringlich. Es vermittelt geistige Horizonterweiterungen und ist eine überreich lohnende Investition im Sinne des Denkens in historischen Zusammenhängen und der Festigung des Urteils. Denn dieses zu vernebeln, ist, wie wir sahen, vorrangiger Zweck aller jener zersetzenden Kräfte, die sich in unser aller Leben gedrängt haben und es – unter planvoller Einspannung unserer öffentlichen Institutionen – in wachsendem Maße beherrschen. Nach Abschluß der Vernebelungsphase von zwei oder drei Generationen Dauer folgt dann die totale politische Vereinnahmung, dem Ausverkauf unserer Kultur und Gesittung die Herrschaft der Ideologie und des Pöbels, der Nachfahren jener Kohlentrimmer der Französischen Revolution, derer wir an früherem Ort gedacht haben. Um dies zu verhindern, um davor unsere Kinder zu bewahren, ist die entschlossene Mitwirkung aller Kräfte guten Willens unentbehrlich, und hierzu soll dieses Buch seinen bescheidenen, vielleicht nicht ganz vergeblichen Beitrag leisten.

Was ist zu tun – so dürfen wir im Lichte unserer Erörterungen wohl fragen. Der Ruf nach dem jedermann zugänglichen Patentrezept, wie in unserer Politik üblich geworden, würde hier wie dort versagen. Das Gefühl der Vergeblichkeit beschleicht den Einsichtigen, der erkennt, daß von der parlamentarisch verfaßten Organisation einer sich pluralistisch verstehenden Gesellschaft, wo das Gruppeninteresse sich nach den bestehenden Regeln stets auf Kosten des Gesamtinteresses durchsetzt, auf unsere Schicksalsfragen absolut keine Antworten zu erwarten ist. Sie ist dafür nicht geschaffen. Wo der Staat, verschuldet bis an die Halskrause, repräsentiert durch die immer erneut, wenn auch mit schrumpfenden Stimmanteilen, in Wahlen bestätigten sogenannten ›Volksparteien‹, beinahe die Hälfte des gesamtwirtschaftlichen Einkommens unseres Landes in Form von Steuern und Sozialabgaben für den Schuldendienst und im übrigen für Umverteilungszwecke aller Art in Anspruch nimmt, gleichzeitig aber Berufspolitiker jeglicher Schattierung sich ungeniert selbst bedienen nach der Devise der französischen Sansculotten: ›Bereichert euch!‹ – da kann der autonome, aufgeklärte Bürger nur noch abdanken.

Daß dies geschieht, zeigen immer häufiger unsere Bundestags-, Landtags- und Kommunalwahlen, bei denen die Partei der Nichtwähler, die schweigende Mehrheit, seit einiger Zeit die bei weitem stärkste Fraktion des politischen Spektrums darstellt – wenn in Eile improvisierte Notvereinigungen nach dem Muster der STATT-Partei in die Parlamente einziehen, die dafür aber vielleicht mit jener Sachkompetenz ausgestattet sind, die in den verbeamteten, verkrusteten Parlamentsstrukturen bis auf wenige Reste ausgetrocknet ist. CDU, SPD, FDP – austauschbar gewordene abgelebte Hülsen, hinter denen Gründerfiguren stehen, deren unleugbare Verdienste der inzwischen abgetretenen Generation zuzurechnen sind; die Namen Konrad Adenauer, Ludwig Erhard, Fritz Schäffer, Carlo Schmid, Thomas Dehler, Reinhold Maier, Kurt Schumacher, Adolf Arndt, Fritz Erler, Waldemar Kraft, Hermann Ehlers und einige andere. Diese staatstragenden Parteien, wie sie sich gern genannt sehen, haben das Bewußtsein der Tatsache verloren, daß ihr privatrechtlicher Status derjenige gemeinnütziger Vereine ist. Deshalb sind sie schon seit Jahrzehnten dazu übergegangen, diesen ihren Status mit dem Staat selbst zu verwechseln. Ihre Vertreter verstehen als einziges nachhaltiges Interesse, ihre Machtpositionen und Pfründe hochzuhalten, und sonst nichts anderes. Sie lassen unseren Staat, sein Recht, seine Ethik, seine Wirtschaft und seine außenpolitischen Interessen in unwürdigem Eigennutz verlottern. Unvermeidliche Folge ist verlorene Handlungsfähigkeit bis hin zu vollständiger politischer Lähmung unseres Staatswesens. Dies demonstrieren nicht zuletzt die ständigen Anrufungen des Bundesverfassungsgerichts in Entscheidungsfragen rein politischen Inhalts. Von dieser Verwaltung, wie es in der amerikanischen Terminologie (= Administration) so treffend heißt, ist Rettung nicht zu erwarten. Sie ist nicht durch Wahlverweigerung, sondern durch Stimmzettel mit neuen Adressen aus den Ämtern zu jagen – so und nicht anders lautet künftig die erste Bürgerpflicht, von deren strikter Erfüllung unsere eingangs gestellte Frage abhängt.

Theoretisch einmal unterstellt, unsere politischen Institutionen, vor allem die Parlamente, würden durch einen radikalen, vom Wähler verordneten Blutaustausch wieder, wie früher einmal, für Aufgaben der Zukunftsgestaltung offen sein, in denen das alte Wort ›Gemeinnutz geht vor Eigennutz‹ wieder Geltung erlangt hat, so könnten wir mit Aussicht auf Erfolg am einzig angemessenen Punkt ansetzen: dem autonomen Einzelmenschen als homo politicus, als liebender Partner in der Ehe, als verantwortungsbewußter Wegbereiter der Kinder, als Erzieher durch eigenes gelebtes Vorbild und unablässigen Dialog, ohne die – wie wir aus Erfahrung wissen – ein heranwachsender Mensch nicht gedeihen kann. Dann könnte man für ihn antworten und Handlungsanweisungen formulieren wie:

- Ideelle Bewertung aller Berufsrichtungen erstens nach ihrem Nutzen für die Gemeinschaft und zweitens nach der individuellen Eignung derjenigen, die sie einschlagen wollen;
- Darstellung eines erstrebenswerten, qualitätsbezogenen Berufsziels im Handwerk, Facharbeiterbereich und in den Dienstleistungen für eine Mehrheit der Heranwachsenden; denn hier werden sie tatsächlich benötigt, und den hier gestellten Anforderungen entspricht die Eignung der meisten;
- Verringerung des Studentenanteils an der Gesamtausbildung auf maximal ein Drittel, statt wie jetzt zwei Drittel, durch eine durchgreifende Hochschulreform an Haupt und Gliedern mit dem Ziel der Wiederherstellung eines annehmbaren Qualitätsstandards;
- Ausrichtung aller schulischer Vorstufen in Qualität und Quantität auf ein annähernd ausgewogenes Leistungs- und Eignungsangebot für die Institutionen selbst und die, die sie in Anspruch nehmen;

- Aufwertung der Volks- und Mittelschulabschlüsse durch Wiederherstellung ihrer früheren Lehrplanqualitäten und Prüfungskriterien; nicht zuletzt ihrer Wiederanreicherung mit historischen und humanistischen Inhalten, ohne die jede Pädagogik bruchstückhaft bleiben muß;
- Orientierung des Kindes in Elternhaus und Schule nicht nach jedermann erreichbaren Traumvorstellungen von der Massenuniversität, sondern nach wirklicher Eignung, dann aber verbunden mit voller Entfaltungsmöglichkeit des Heranwachsenden in dem ihm zusagenden Berufsfeld. Wir benötigen keine mit gewaltigem Finanzaufwand der öffentlichen Hand ausgebildeten Politologen als Taxifahrer oder Lehrer als Inhaber von Bioläden;
- insgesamt eine radikale Neuausrichtung der Werteskala aller Beteiligten – Lehrenden und Lernenden –, die keinen Bereich unberührt lassen darf, einerseits nach altbewährten, durch die ›Moderne‹ verschütteten Grundsätzen, ebenso aber unter Nutzung von Erkenntnissen der letzten historischen Stunde;
- schließlich und immer wieder: Konzentration aller öffentlichen und privaten Mittel und Anstrengungen auf das Leben mit dem Kind, auf Erziehung durch Vorbild, auf unablässigen Dialog in der Familie; denn die Weichen werden dort, und nur dort, gestellt. Die Liste von Prioritäten ließe sich noch erheblich verlängern, aber schon die wenigen hier formulierten Vorschläge berühren bereits so viele Tabus und gesprächsfreie Zonen, daß wir es für den Augenblick hierbei bewenden lassen wollen. Ihre vorurteils- und illusionsfreie Diskussion in jedem beliebigen Parlament Deutschlands wäre angesichts der dort herrschenden Geisteszustände und Interessenlagen zur Zeit eine Unmöglichkeit. Sie mögen indes eine Orientierung für die Einsichtigen in unserer Gesellschaft

bieten, wo zuallererst angesetzt werden muß, wenn wir der rasanten Abwärtsspirale, in der wir uns unvermerkt nun schon seit Jahrzehnten befinden, Einhalt gebieten wollen. Sie wieder in eine aufwärts führende Richtung umzukehren, wie sie seit der Scholastik und dem Hochmittelalter bis etwa um 1900, eingeschränkt auch noch bis 1930 wirkte, wäre das anschließende Etappenziel für mindestens eine heranwachsende Generation. Die jetzt handlungsfähige ›Generation der STATT-Wähler‹ wird mit dem bloßen Anhalten der Abwärtsspirale voll ausgelastet sein.

Angesichts des zutiefst privaten und doch zugleich auch wesentlich öffentlich angelegten Themas dieses Buches konnte es nicht ausbleiben, im Schlußkapitel auch das Feld politischer Programmatik zu berühren. Wenn dies notwendigerweise geschah, so unter Verzicht auf Formulierung eines konkreten politischen Programms, dem von seinem Umfang her ein eigenes Buch zu widmen wäre; sozusagen ein humanistisches Manifest als theoretische Grundlage der fälligen Kulturrevolution. Politik ist, im Gegensatz zu einem besonders im theorieverliebten Deutschland verbreiteten Irrglauben, in erster Linie Praxis, das heißt pragmatisches Handeln, wie es in der Nachkriegszeit beispielhaft ein Konrad Adenauer vorgeführt hat – allerdings, bei allem Machtbewußtsein und Überlegenheitsgefühl gegenüber seiner Opposition, vor dem Hintergrund eines fest verankerten abendländischen Welt- und Menschenbildes. Dieses schloß ja geistige Verbindung mit politischer Macht – in den geeigneten Händen – vom Grundsatz her keineswegs aus. Die Einsichtigen in unserem Lande, etwa personifiziert in den Wählern einiger der während der letzten Wahlen bei uns aufgekommenen neuen Gruppierungen, sollten sich eines legitimen politischen Machtstrebens keineswegs enthalten. Wer seine Pflichten gegenüber dem Ganzen in

Zeiten allgemeiner Not erkannt hat, muß wissen, daß diese auch politische Durchsetzung einschließen müssen, ohne die alle noch so richtige Erkenntnis wirkungslos bleiben muß.

Nach diesem Ausflug in die Politik nehmen wir den zentralen Faden unserer Betrachtungen noch einmal abschließend auf und zentrieren die Frage nach dem, was zu tun ist, auf ihren eigentlichen Ansatzpunkt: den autonomen Einzelmenschen, ob Mann oder Frau, in seiner unveräußerlichen Verantwortung, die kein Staat und keine Partei ihm abnehmen kann, für uns und unsere Nachfahren und nicht zuletzt für sich selbst.

Das vorhin beschworene Gefühl der Vergeblichkeit angesichts unserer pluralistischen Verfassungswirklichkeit – das hofft der Verfasser klargestellt zu haben – darf nicht wirklich Besitz von den Einsichtigen im Lande ergreifen. Es hat keinen berechtigten Platz im Augenblick höchster Gefahr. Fangen wir also zunächst bei uns selbst an und hier besonders im Umgang mit unseren Nächsten, Mann, Frau, Kind, Eltern, Schwestern, Brüdern, Freunden, und wehren wir der Gefahr mit allen unseren Kräften. Der Titel dieses Kapitels enthält nicht ohne Absicht das Stichwort »Prinzip Arche Noah«, auf das wir sogleich eingehen werden. Es empfiehlt, unbeirrt den eigenen Garten zu bebauen, Luthers Apfelbäumchen zu setzen, auch wenn am nächsten Tag der Weltuntergang folgen sollte.

*****

Die Bezeichnung »der Liebestod«, unter der dieses ganze Buch auch stehen könnte, umschreibt eine fürwahr bittere Bilanz der Vorgänge, wie wir sie in unserem Gemeinwesen, unserem Land und unserer Gesellschaft festzustellen hatten. Das Buch wurde darüber hinaus aber noch in der Absicht geschrieben, über Bestehendes und für die überschaubare Zukunft Drohendes hinauszuweisen. Es mündet darum in den Appell an alle Gutwilligen, der schon mancherorts beschworenen schweigenden Mehrheit, jede Möglichkeit zu nutzen, das aus rein rationaler Sicht bereits unabänderlich Erscheinende zum Besseren zu wenden. Das ist die in diesem Buch aufgeworfene Schicksalsfrage, die an uns alle ergeht. Das Wort aus dem Buch Hiob, das über dem Einleitungskapitel steht, kommt wieder in den Sinn; aus ihm aber auch der Mut zu der Aufgabe, die Liebe unter den Menschen, insbesondere aber die unter den Geschlechtern und Generationen, zwischen Eltern und ihren Kindern wieder aufzurichten – sie aus dem Elend zu befreien, in das sie gestürzt worden ist.

Diese Schicksalsfrage, vor der wir heute stehen, ist in ihrer ›modernen‹ Qualität sicherlich neu und in dieser Form noch nicht dagewesen, zumal sie eine vielfache Millionenzahl von Menschen gleichzeitig betrifft. Im Prinzip allerdings ist sie so alt wie die Menschheit seit ihrer Bewußtwerdung, die Frage nicht nur nach dem Überleben an sich, sondern, dahinterstehend, nach dem Sinn des Überlebens. Auf diese Frage eine Antwort zu geben, ist unter diesem Himmel allein menschliche Liebe fähig, die unverzichtbare Solidarität im scheinbar Kleinen vom Menschen zu seinem Nächsten. Befragen wir in diesem Sinne ›die vorigen Geschlechter, und was ihre Väter erforscht haben‹, so stoßen wir, wenn wir das Neue Testament wachen Auges durchstreifen, auf jene fast zweitausend Jahre alte unvergängliche Stelle im 1. Korintherbrief des Paulus, wo er den Preis der Liebe anstimmt:

»Wenn ich mit Menschen- und mit Engelszungen redete,
Und hätte der Liebe nicht,
So wäre ich ein tönend' Erz oder eine klingende Schelle.
Die Liebe ist langmütig und freundlich;
Die Liebe eifert nicht,
Die Liebe treibt nicht Mutwillen,
Sie blähet sich nicht,

Sie stellet sich nicht ungebärdig,
Sie suchet nicht das ihre;
Sie läßt sich nicht erbittern,
Sie rechnet das Böse nicht zu;
Sie freuet sich nicht der Ungerechtigkeit,
Sie freuet sich aber der Wahrheit;
Sie verträgt alles,
Sie glaubet alles,
Sie hoffet alles,
Sie duldet alles.
Die Liebe höret nimmer auf, so doch die Weissagungen aufhören werden und die Sprachen aufhören werden und die Erkenntnis aufhören wird.
Denn unser Wissen ist Stückwerk,
und unser Weissagen ist Stückwerk.
Wir sehen jetzt durch einen Spiegel in einem dunklen Wort, dann aber von Angesicht zu Angesicht; dann werde ich erkennen, gleichwie ich erkannt bin. Nun bleiben aber Glaube, Hoffnung, Liebe, diese drei; die Liebe aber ist die größte unter ihnen.«

Wir kommen zum Schluß unserer Betrachtungen und erinnern uns, als könnte es nicht anders sein, noch zwei weiterer Überlieferungen der Bibel, wo Endzeitstimmungen und Bestrafung der gottlos gewordenen Menschheit wiederholt in einer Art moralischer Schlüssel- und Lehrfunktion auftreten; übrigens in Übereinstimmung mit allen zum Teil noch früheren, oft nur bruchstückhaft auf uns gekommenen Menschheitsepen der Hethiter, Sumerer, Assyrer und Babylonier, aber auch der nordischen *Edda*-Überlieferung oder indianischer und polynesischer Mythen. Immer und überall empfand der Mensch die Strafwürdigkeit seines Daseins und Handelns, sein Übertreten göttlicher Gebote und das darum drohende Verhängnis aus Tod und Weltuntergang. Zwischendurch aber das Bedürfnis, sein tragisches Bewußtsein euphorisch zu vernebeln durch früh erworbene Fähigkeit zur Bereitung berauschender Getränke und halluzinierender Drogen, die jegliches Tier, des Bewußtseins oder ›Himmelslichts‹ nicht teilhaftig, ablehnt.

Im übrigen aber herrschte überall der Kult der Fruchtbarkeit des Lebens und, als deren Symbol, der Frau, wie er in vielfältigen überhöhten Darstellungen unserer frühen Vorfahren erhalten ist – Rückerinnerung aus urtümlichen Epochen der zu allmählichem Bewußtsein erwachenden Menschen des Paläolithikums, deren Nachfolger wir sind.

Noch im Ersten Buch Mose wird beschrieben, wie es den Herrn reute, den Menschen in seiner Bosheit und Verderbtheit geschaffen zu haben, und er beschloß, ihn zu vertilgen mittels einer vierzigtägigen Sintflut, die nur einen Ausgezeichneten, Noah in seiner Arche, verschonen sollte; mit ihm sein Weib, seine Söhne und deren Weiber, und je sieben Paare aller lebenden Tierarten, vom Vieh bis zum Gewürm. Nach dem Abfließen der Sintflut befahl der Herr dem Noah, wie bekannt, seine Arche zu verlassen, und schloß einen Neuen Bund mit ihm, dazu ein Gesetzeswerk für alle kommenden Geschlechter einer neuen, geläuterten Menschheit.

Die praktische Nutzanwendung, die wir Heutigen, Männer, Frauen und Kinder, aus der Geschichte des Noah ableiten können, ist die, daß es Hoffnung gibt, so lange auch nur einige wenige ausgezeichnete Menschen leben, die zu erkennen und zu handeln vermögen. Dies ist die Forderung der Stunde an uns alle auch bei scheinbarer Aussichtslosigkeit: zu handeln in recht verstandener Vormundschaft für unsere Kinder und sie zu lehren, ihrerseits zu handeln, wenn sie die Fähigkeit dazu erlangt haben. Lassen wir uns um keinen Preis einschüchtern vor der Schwierigkeit der Aufgabe an uns selbst; denn hier, wenn irgendwo, liegt der Keim zur Besserung, vielleicht irgendwann der Heilung, verborgen. Der Mann ist gefordert mit all seiner schöpferischen Phantasie, seinem zielstrebigen Starrsinn und Organisationsvermögen; die Frau aber mit ihrer Intuition, ihrem praktischen Verstand, ihrer erdnahen Stärke und jenem unergründlichen Schatz des Ewig-Weiblichen, jenes über alle Kunst und Philosophie hinaus in einem tiefsten Sinn Schöpferischen, das in der Welt nur ihr zu Gebote steht. So stehe sie neben ihrem Mann, und so schütze sie ihr Kind.

Im Ersten Buch Mose findet sich dann noch eine weitere Episode, jene zutiefst menschlich anmutende Geschichte in Form eines Zwiegesprächs zwischen dem Herrn und Abraham – noch geraume Zeit vor der großen Strafe, der Sintflut, wo es vorerst nur darum geht, die sündigen Bewohner der Stadt Sodom zu züchtigen. Abraham fleht um Verschonung und argumentiert: Vielleicht sind fünfzig Gerechte in der Stadt; willst Du sie denn wegraffen und dem Orte nicht vergeben um der fünfzig Gerechten willen, die darin sind? Der Herr antwortete: Wenn ich in Sodom, innerhalb der Stadt, fünfzig Gerechte finde, so will ich um ihretwillen dem ganzen Ort vergeben. Darauf stößt Abraham etwas weiter vor: Vielleicht mögen an den fünfzig Gerechten fünf fehlen; willst Du wegen der fünf die ganze Stadt verderben? Und der Herr sprach: Ich will sie nicht verderben, wenn ich fünfundvierzig Gerechte daselbst finde. Nun faßt Abraham erst recht Mut, er feilscht von fünfundvierzig auf vierzig, dreißig, zwanzig und schließlich auf zehn herunter. Nachdem der Herr gesagt hat: Ich will nicht verderben um der Zehn willen, gehen dann beide ihres Weges. Was bleibt, ist der Eindruck, daß es dem Allmächtigen weniger auf die Zahl ankam, als darauf, eine letzte Quelle der Gerechtigkeit zu erhalten; denn jede Quelle kann zum Fluß werden.

Auf unsere Lage angewandt: Wenn das Schicksal aller auf dem Spiel steht, kommt es darauf an, daß jeder Einzelne das tut, was ihm sein Gewissen als Pflicht auferlegt; der Rest liegt nicht in unserer Hand.

Wenn wir uns über die Täler unserer Erde erheben, gibt es auch jenen Ausblick, den Goethe uns mit einem seiner unvergänglichsten Verse eröffnet hat und mit dem wir unser Gespräch beschließen wollen:

»Wenn im Unendlichen dasselbe
Sich wiederholend ewig fließt,
Das tausendfältige Gewölbe
Sich kräftig ineinanderschließt,
Strömt Lebenslust aus allen Dingen,
Dem größten wie dem kleinsten Stern,
Und alles Drängen, alles Ringen
Ist ewige Ruh' in Gott dem Herrn.«

Kapitel 9

AUSKLANG

Ein Fernsehdialog zu diesem Buch

(Abkürzungen: F = Feministin V= Verfasser)

F: Es werden ja heute so viele Bücher zu Frauenfragen geschrieben; Sie nehmen in Ihrem Buch in recht aggressiver Weise die feministische Bewegung aufs Korn. Sie machen sie für alle Übel dieser Welt verantwortlich. Andererseits ist unserem Verband und auch mir einiges aufgefallen, worüber ich Sie einmal genauer befragen möchte.

V: Das soll mich freuen. Wenn ich hier anmerken darf, das hier ist sicherlich ein Frauenbuch, damit aber eben auch ein Menschheitsbuch – entschuldigen Sie den hochtrabend klingenden Anspruch, der im wesentlichen auch auf unsere engere europäische Zivilisation eingeschränkt zu sehen ist. Ein vitales Anliegen der modernen Frau ist allerdings sein Zentralthema; bei dessen Behandlung habe ich natürlich zum Feminismus das Nötige sagen müssen.

F: Was Sie dort sagen, gleich in der Einleitung und später noch öfter, klingt ja ganz schön hanebüchen. Erstens interpretieren Sie die Frauenbewegung als, wie Sie an einer Stelle sagen, Wurmfortsatz des Sozialismus. Natürlich stehen wir heute dem linksliberalen Flügel im politischen Meinungsspektrum nahe. Aber die destruktive Rolle, die Sie dem Feminismus allgemein zuschreiben, ist doch an den Haaren herbeigezogen. Ich glaube nicht, daß man mit Ihrer Auffassung den Dialog zwischen den Geschlechtern, zwischen Frauen und Männern, fördern kann.

V: Dieser Dialog, mit Verlaub, wenn Sie nicht die Einzelmenschen, sondern die sozialen Gruppen pauschal ansprechen, findet doch längst nicht mehr statt. In den Augen des Feminismus ist er längst nicht mehr nötig, wenn er je als erstrebenswert gegolten haben sollte. Die Frage ist doch für Sie erledigt: Hier sind wir Frauen, benachteiligt, ausgebeutet, vergewaltigt und nun auf dem Weg in die Freiheit, dort die Männer, die all das auf dem Gewissen haben und nun in ihre Schranken verwiesen werden. Das ist nicht nur Destruktion kolossalen Ausmaßes, errichtet auf blanker Demagogie; es ist die Axt an der Wurzel unserer Zivilisation schlechthin.

F: Das ist eine Behauptung. Sie führen zum Überdruß christliche Wertvorstellungen an, beschwören die abendländische Kultur. All das ist doch passé: Ist Ihnen noch nicht aufgefallen, was in der Welt vor sich geht? Sie selbst wissen doch ganz genau, daß die patriarchalische Auffassung und Gesellschaftsstruktur des Christentums, aber auch anderer Religionen, die Unterdrückung der Frauen sozusagen im Programm hat.

Eine Kulturauffassung, die solche Traditionen verewigen will, hat keine Zukunft, dessen dürfen Sie gewiß sein.

V: Ich meinerseits glaube nicht, daß ich einer Verewigung patriarchalischer Gesellschafts- oder Familienstrukturen irgendwo das Wort geredet habe. Sehr wohl aber war es mein Anliegen, auf die ungeheure Gefahr der blindwütigen Zerstörung aller unserer überkommenen Wertvorstellungen innerhalb von nur zwei Generationen hinzuweisen, ob in der Familie, der Sprache, der Erziehung, dem Gemeinsinn, dem

Gefühl für nationale und soziale Verantwortung bis hin zur Arbeits- und Steuermoral.

F: Damit kommen wir gleich zu meiner ersten Frage: Sie gehören also zu jenen, die die moderne Frau wieder an Heim und Herd fesseln wollen – wenn auch mit vielen geschickten Umschreibungen?

V: Ich frage mich, welcher Stelle meines Buches Sie eine solche Aussage entnommen haben. Mein Buch meidet sorgfältig Verallgemeinerungen, wenn auch die massiert und ziemlich gleichgerichtet auftretenden Probleme, die dort aufgegriffen werden, mindestens die Hälfte, wenn nicht bereits drei Viertel unserer Bevölkerung unmittelbar betreffen.

F: Was uns Frauen betrifft, so halten wir gar nicht viel davon, wenn Männer sich in Büchern oder Zeitungsartikeln zu Lehrmeistern oder Ratgebern in uns betreffenden Fragen aufwerfen. Frauenfragen gehören in die Hand von Frauen.

V: Ein völlig unzutreffender Ansatz, und beinahe mit ein wichtigster Entstehungsgrund meines Buches, falls Sie es sorgfältig gelesen haben sollten. Frauen- und Männerfragen sind eben nicht zu trennen, wie es fast zum Gemeinplatz geworden ist, nicht zuletzt durch die Einwirkung Ihrer ›Bewegung‹. Sie sind nur gemeinsam, mit gleichbedeutenden Beiträgen beider Geschlechter, zu lösen. Dazu gehört es, sich im Sinne intellektueller Redlichkeit solche Fragen zunächst unter dem Gesichtspunkt der gemeinsamen Anliegen beider Geschlechter, Mann und Frau, zu stellen – und tunlichst auch unter Berücksichtigung unverzichtbarer Interessen unserer Kinder, die über keine Lobby und keine Presse verfügen.

F: Keine Kinderpresse? Die Schülerzeitschriften –

V: Was Sie offenbar meinen, ist weitgehend Pornographie untermischt mit Sozialparolen; die Urheberrechte stehen üblicherweise bestimmten Erwachsenen zu.

F: Provozierend gefragt: Sie halten das Bild der modernen Frau, die in Unabhängigkeit von männlicher Bevormundung zu leben wünscht, die in Wirtschaftsleben und Beruf auf eigenen Beinen steht, eine eigenständige Position gegenüber der Männerwelt einnimmt, für fehl am Platze? Gehören Sie also zu den immer noch vorhandenen Ewig-Gestrigen?

V: Provozierend geantwortet: Bei der Frage, was der Frau gut tut und was nicht, wenn man sich hier schon zum Lehrmeister aufspielen will, halte ich es – wie gesagt – für einen gefährlichen Fehler, hierbei die Rückwirkungen auf die übrigen Elemente der Menschheit, nämlich Männer und Kinder zu vernachlässigen. Was ich deshalb verurteile, ist nicht, daß eine hochbegabte junge Frau Chefredakteurin wird, sondern daß der Frau schlechthin, in vielfacher Millionenzahl, suggeriert wird: Erstens, der Mann ist dein natürlicher Feind, von dem du dich um jeden Preis emanzipieren mußt. Zweitens: das wichtigste Mittel hierzu ist finanzielle Unabhängigkeit durch bezahlte Arbeit gleich welcher Art, am besten natürlich ein Studium. Das ist ja heute billig, und dann bis du was (oder auch nichts, aber in der Regel Anfang bis Mitte dreißig). Drittens: in einer so angelegten Geschlechterverfassung habe das Kind nicht nur seinen (Kindergarten-) Platz, den es natürlich meistens nicht hat, sondern: das mußt du auch noch schaffen, auf etwas so Wichtiges (man denke an Gefühlswerte und die Rentenkassen) sollst du keineswegs verzichten, dafür hat der Staat zu sorgen. Zwar ist die Mitwirkung eines Mannes in diesem Punkt unentbehrlich, aber das darf deinen Anspruch auf Selbstverwirklichung nicht einschränken. Heirate also ruhig oder auch nicht, das macht vor allem einen steuerlichen Unterschied; auch eine Scheidung ist ja kein Unglück weiter. Verliere aber nie dein höchstes Ziel aus den Augen: Freiheit und Selbstverwirklichung. Diesen ganzen Komplex von Suggestionen in seiner Verlogenheit, sozialen Unverantwortlichkeit und politischen Zielgerichtetheit zu demaskieren, ist Inhalt dieses Buches. Diese Art von Freiheit ist nicht die der Frau, sondern eine, die eine ganz bestimmte Sorte von Leuten meint.

F: Es dürfte nicht weit führen, mit jemandem zu diskutieren, der so argumentiert wie Sie –

V: Allenfalls dann, wenn für ihn oder sie nur eine einzige, dazu womöglich auch noch ideologisch fixierte Meinung richtig sein kann, die keiner Diskussion bedarf.

F: Das mit der ideologischen Fixierung wollen wir für den Augenblick außen vor lassen. Sie meinen also ernsthaft, daß die Befreiung der Frau aus Abhängigkeit und Bevormundung in den hinter uns liegenden hundert Jahren zurückgedreht werden sollte?

V: Mitnichten. Die rechtliche Gleichstellung, die Chancengleichheit in Bildung und Beruf, die formalverfassungsrechtliche Autonomie der Frau ist eine unverzichtbare zivilisatorische Errungenschaft, die überdies, wenn ich daran erinnern darf, rein vollzugsmäßig ganz vorwiegend von Männern bewerkstelligt wurde, und nach etwas verständlichem Knirschen im Gebälk auch unter uneingeschränktem Konsens der heutigen Männerwelt insgesamt.

Was ich herausschälen wollte, war ein wenig mehr Bewußtsein der Tatsache, daß nicht nur Frauen, sondern auch Männer und nicht zuletzt Kinder Lebensprobleme haben und daß diese ihrer Natur nach nicht nebeneinander oder gar gegeneinander, sondern nur miteinander gelöst werden können. Der naturgegebene Rahmen hierfür ist und kann nur der Familienverband als der Mikroorganismus der Gesellschaft sein, also vor Ort der Probleme. Nicht der Mann ist der natürliche Feind der Frau oder umgekehrt, wozu beide von bestimmten Seiten absichtsvoll stilisiert werden, sondern vielfältige Gefahren umlauern sie beide in ihren gemeinsamen vitalen Interessen, wie sie sich im Familienverband kristallisieren; bei deren Abwehr aber hilft weder der Juso-Ortsverein noch die Proklamierung eines Tages der Frau oder des Kindes. Das Jahr 1994 war doch sogar – man staune – zum Jahr der Familie ernannt worden! Es ist entweder ein Zeugnis von Unwissenheit oder hinterhältig – eines wäre so schlimm wie das andere – zu behaupten, der Staat oder irgendeine Bewegung hätten die Aufgabe oder auch nur die Fähigkeit, die von vielen emotionalen Schichten und Ausstrahlungen bestimmten Beziehungen zwischen den Menschen, sei es in der privaten oder öffentlichen Sphäre, zu reglementieren. Die rechtsmäßigen Beziehungen sind durch unsere Verfassungsorgane einvernehmlich geregelt.

F: Ich glaube, Sie sehen zu viele Gespenster. Sie fühlen einfach als typischer Macho und verstehen aus Ihrer Sicht geschickt zu argumentieren. Ich glaube aber nicht, daß Ihre Ansichten Zukunft haben, wie ich schon sagte. Sie sind doch lupenreiner Ausdruck des überlebten Patriarchalismus.

V: Da haben Sie wieder einen schönen, sicherlich von allen bestens verstandenen ›Ismus‹ zur Hand. Ihre heute ja weit verbreitete Ansicht läßt – einmal ganz abgesehen von der religiösen Wurzel patristischer Vorstellungen in Familie und Gesellschaft – wichtige Tatsachen außer acht, die in unseren Zivilisationszuständen oft unter den Tisch fallen; aber dies beginnt sich bereits zu rächen: das existentielle Angewiesensein der Menschen, als sozial angelegte Wesen, aufeinander in einer von Natur feindlichen Umwelt; und dies macht vor dem Verhältnis der Geschlechter zueinander mitnichten halt. Die internationalen Krisen und die soziale Not, die seit kurzem auch bei uns wieder ihr Haupt erhoben hat, wecken in unseren Zeitgenossen als neu empfundene Sensibilitäten, weil sie längere Zeit verschüttet waren, die aber in früheren Epochen zum allgemeinen Kulturgut gehörten. Was die Zukunft meiner Ansichten betrifft, die Sie eben voller Zweifel ansprachen, so mache auch ich mir Sorgen, und mein Buch entstand aus dem Gefühl der Verpflichtung, gegen einen übermächtig angeschwollenen Strom anzuschwimmen. Was die Gespensterbeschwörung betrifft, so meine ich in Abweichung von Ihrer Äußerung, hiergegen massiv angegangen zu sein, wenn auch sicherlich nicht genau in Ihrem Sinne.

F. Das korrekte Anliegen Ihres Buches einmal unterstellt, wie stellen Sie sich eigentlich die wirtschaftlichen Folgen vor – auch für die Familie –, wenn, sagen wir, an die fünf Millionen Frauen, vor allem solche mit kleineren Kindern, von heute auf morgen aus dem Erwerbsleben verschwinden würden?

V: Es ist sonnenklar, daß selbst eine modellhafte Verwirklichung der Anliegen, die im siebten Kapitel formuliert sind, nicht von heute auf morgen, sondern nur in einem fließenden Umschichtungsprozeß über eine Reihe von Jahren hinweg zu erreichen wäre. Es würde dies zudem die gezielte und organisierte Anstrengung der ganzen Gesellschaft erfordern. Darüber hinaus ist anzustreben, die verfassungsmäßige Garantie von Kindertagesstätten von der Tagesordnung zu streichen und durch ein gesellschaftlich wichtigeres Anliegen zu ersetzen: die Zahlung eines leistungsgerechten Gehalts aus der Staatskasse an jede erziehende Mutter, die auf abhängige Erwerbstätigkeit verzichtet, für mindestens zehn Erziehungsjahre ihrer Kinder.

Rein statistisch betrachtet, wie Sie vorschlagen, verweise ich auf demnächst fünf Millionen Arbeitslose im noch immer vergleichsweise wohlhabenden Deutschland, die, wie gesagt, in statistischer und damit natürlich nicht völlig realer Schlußfolgerung für den Ersatz ebenso vieler ausfallender Mütter zur Verfügung stünden. Das Volkseinkommen würde sich sofort um den Unterstützungsaufwand für Arbeitslose, derzeit bereits über 70 Milliarden Mark pro Jahr, und andere massive einzusparende Kostenblöcke erhöhen. Das Familieneinkommen würde durch den reinen Umschichtungscharakter des Vorgangs im statistischen Durchschnitt auch erhalten bleiben, nur in anderer Verteilung. Wie gesagt, dies scheint vorläufig noch ein Sandkastenspiel, aber eine neue volkswirtschaftliche Gesamtrechnung mit revolutionären Konzepten muß her. Auf einige Tatsachen, die ebenfalls in Kapitel 7 angesprochen sind, möchte ich in diesem Zusammenhang aufklärungshalber noch verweisen, da sie offenbar von wenigen Teilnehmern an unseren sozialen Endlos-Debatten gesehen, jedenfalls nie erwähnt werden: Das Altbundesgebiet zählte 1950, kurz vor Anheben des sogenannten Wirtschaftswunders, bei einer Bevölkerung von etwa 55 Millionen, einschließlich 12 Millionen Flüchtlingen, etwa 19 Millionen Vollzeitbeschäftigte, zu zwei Dritteln Männer. Die Hälfte dieser Arbeitsplätze wurde in den seither vergangenen 40 Jahren aufgrund stetig steigender Arbeitskosten wegrationalisiert, seit Jahren mit dramatisch zunehmender Tendenz auch ins Ausland verlagert. Wenn trotzdem um 1990 fast doppelt so viele, nämlich fast 30 Millionen Arbeitsplätze bei einer Bevölkerung von 64 Millionen gezählt wurden, davon bald die Hälfte weibliche, so belegt dies einen grundlegenden Strukturwandel praktisch sämtlicher Wirtschaftsbereiche einerseits: die Erhöhung der Beschäftigungsquote um das Doppelte, die der abhängigen Frauenarbeit um fast das Dreifache andererseits.

Wie in dem genannten Kapitel des Buches ausgeführt, wäre es vermessen, in Kenntnis der strukturellen Fakten anzunehmen, die Arbeitslosenzahl würde bei eintretender Erholung der Konjunktur wesentlich abschmelzen. Die demographische Entwicklung um die Jahrtausendwende wird einen gewissen Entlastungseffekt bringen, der zur Zeit allerdings schwer einzuschätzen ist. Der Abbau mehrerer Millionen Arbeitsplätze in den vergangenen Jahren aufgrund der nicht mehr zu erwirtschaftenden Lohnkosten, demzufolge der Verlagerung ganzer Industriezweige ins Ausland, und nun auch noch der nachhaltigsten Weltwirtschafts- und Strukturkrise der Nachkriegszeit jedenfalls ist endgültig.

F: Um bei Ihrem Wunschbild zu bleiben, Sie stellen sich also einen massiven Abbau weiblicher Arbeitsplätze, die jetzt schon im Vergleich mit den männlichen im Nachteil sind, zum Beispiel beim Lohn, mit der Folge sinkender Familieneinkommen und damit Lebensstandards vor?

V: Diese Tendenz ist aus rein gesamtwirtschaftlichem Zwang bereits in vollem Gange, wie Sie ja selbst andeuten. Die Vorstellung, unsere Erde sei ein potentielles Schlaraffenland, das nur der Organisation bedürfe – und viele Organisatoren bieten sich an –, sollte allmählich einem Wirklichkeitssinn weichen, wie er in früheren Generationen zur erlernten Lebensweisheit gehörte. Der Mensch sorgte schon immer dafür, daß auch durchführbare Schritte zu gesellschaftlichen Verbesserungen oftmals versandeten, häufig genug auf beschämende Weise. Über die Gründe dafür ist in einzelnen Kapiteln dieses Buchs – naturgemäß nicht erschöpfend – gesprochen worden. Menschheitsdämmerungen und Morgenröten begleiten, nach einer Feststellung von Gottfried Benn, die gesamte Geschichte, und doch ist der Mensch mit seinen spezifischen Grundfragen sich weitgehend gleich geblieben. Nicht ›No future‹, aber ›No paradise‹ lautet die Erkenntnis; alles andere wäre bei demnächst acht bis zehn Milliarden Menschen auf diesem Planeten unrealistisch. Es ist höchste Zeit, aus diesen Zusammenhängen gesellschaftliche Konsequenzen einschneidendster Art zu ziehen. Die Weichen sind darum in den alten Kulturnationen von wirtschaftlicher und gesellschaftlicher Expansion auf Regeneration der Kultur, die letztlich nur individuell erfahrbar ist, also eine Art humaner Ökologie, umzustellen. Ich hoffe, daß ich mich hier recht zeitgemäß, vielleicht sogar in Ihrem Sinne, ausgedrückt habe.

F: Eine aus politischer Sicht aber reichlich negative Perspektive!

V: Wie man es nimmt, wenn man es tatsächlich auf mehr Menschlichkeit und Gerechtigkeit abgesehen hat – und damit ist, wie mehrfach in diesem Buch angeklungen, keinesfalls die sozialistisch-nivellierende Gleichheit gemeint –, und nicht vorwiegend auf ewigen materiellen Fortschritt und politische Machtpositionen. Aber der Tod dieser beiden, Menschlichkeit und Gerechtigkeit, ist eben die Folge einer sogenannten Gleichheit, einer rituellen Gleichmacherei als herausragender gesellschaftspolitischer Faustformel. Sie wird der Ungleichheit und Unverwechselbarkeit jedes einzelnen Menschen nicht gerecht, schon gar nicht ganzer Bevölkerungsschichten, Völker und Rassen mit ihren je eigenen historischen Hintergründen; zum wenigsten aber der Geschlechter, Frau und Mann, in ihrer vitalen, schöpferischen Verschiedenheit. Gleichmacherei um ihrer selbst willen ist nicht aufbauend, sondern das Gegenteil – Nivellierung auf schließlich dem niedrigsten Plateau.

F: Haben Sie eigentlich schon mal etwas von Brutalität gegen Frauen gehört, Vergewaltigung in der Ehe, jede Art von Demütigung der Frauen durch besoffene Ehemänner? – Sie sehen aus dieser Perspektive gar keinen Handlungsbedarf?

V: Wie Sie genau wissen, hat der Gesetzgeber in dieser Hinsicht alles getan, was seine Schuldigkeit war – denken Sie an die letzte Entscheidung des Bundestags vom September 1995, nach der Vergewaltigung in der Ehe für ebenso strafbar erklärt wurde wie außerhalb. Schön und gut. Nur bezweifle ich, daß damit ein Intimproblem einer Minderzahl der Ehen auch nur gebessert, geschweige denn beseitigt wird. Es ist, wie immer, wenn es darum geht, auf vermeintliche Stimmungen beim Wähler zu schielen, das Kurieren am Symptom einfacher als das Angehen der Ursache. Auch Ihnen ist bekannt, daß besonders in Familien mit mehreren Kindern die Geldsorgen fast immer die Ursache für das Ausbrechen von Verzweiflung, Alkoholismus und am Ende der Brutalität sind. Auf die hier notwendigen Ansätze habe ich bereits verwiesen, ebenso im 7. Kapitel. Aber ich habe Anlaß zur Vermutung, daß Ihnen und anderen solche Ansätze zu unbequem sind.

F: Sie verneinen also auch den Glücksanspruch der

Menschen, ich spreche hier ausdrücklich nicht nur von der Frau, wozu ja auch einige materielle Mindestvoraussetzungen gehören?

V: Genau im Gegenteil, und falls Sie das Buch wirklich aufmerksam gelesen haben, zum Beispiel Kapitel 2, so wundert mich Ihre Frage. Ich mache nur darauf aufmerksam, daß Glück in Gestalt eines erfüllten Lebens – und nur so ist menschliches Glück denkbar – nicht ohne dauernde Mühe zu erlangen und zu erhalten ist und daß Öffentlichkeit und Politik bei dessen jeweils einzigartiger Ausgestaltung unter den Menschen nichts zu suchen haben. Es gibt übrigens in der Vision dieses Buches, bei allen schmerzhaften Erkenntnissen und Einschnitten, die es mit sich bringt, einen ausgemachten Gewinner, einen lachenden Dritten, wie man sagen könnte: das Kind, das nicht mehr um jeden Preis in den Kindergarten muß, sondern mit Geschwistern und Kindern der Nachbarschaft spielen und zwischendurch immer wieder einmal ausrufen darf: Mama, ohne ins Leere zu rufen. Wie gehabt.

F: Ich danke für das Gespräch.

PERSONENVERZEICHNIS